POLYGLOTT on tour

Stefan U. Mühleisen
Manfred Meding

Azoren

Top 12	Restaurant
besonderer Tipp	Unterkunft
Warnung	Nightlife
Info	Shopping
Hinweis	Literatur

POLYGLOTT-Top 12

Specials

Allgemeines

Städtebeschreibungen

Spaziergang durch ein schmuckes Zentrum mit barocken Bauten und idyllischen Winkeln zwischen Castelo de São Brás und Marina.

Touren

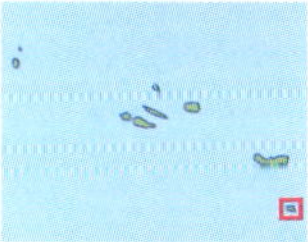

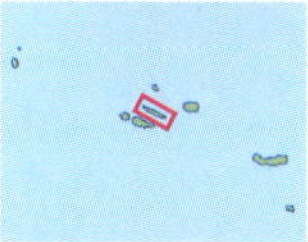

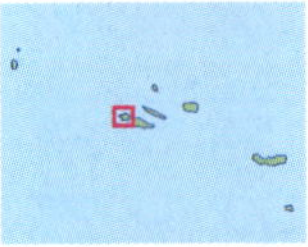

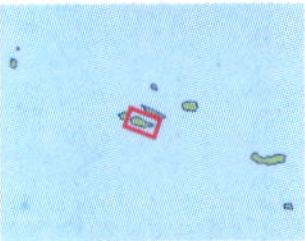

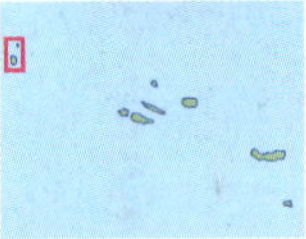

Majestätisch überragt der Pico die gleichnamige Insel

Bildnachweis

Alamy/blickwinkel/Lohmann: 94; Alamy/Jon Arnold Images/Alan Copson: 88; Alamy/Westeend 61/Herbert Scholpp: 63; A. M. Begsteiger: 2, 23-2, 35, 38; Bildagentur Huber/Gräfenhain: 17-1, 43, 56, 91; laif/Rolf Osang: 6, 7, 8, 11, 19, 31, 41, 65, Umschlagrückseite; laif/Karl Heinz Raach: 19-2, 53-2, 75, 108; Dr. Susanne Lipps: 9, 10, 13, 15, 17-2, 27, 30, 73-1; Stefan U. Mühleisen: 5, 19-1, 25, 28, 53-1, 69, 73-2, 78, 80-1, 82, 85-1, 85-2, 89, 95, 96, 97; Fotodesign Stadler: 33, 50, 55, 60; Andreas Stieglitz: 14, 23-1, 69-2, 75-2, 80-2, 81, 87, 99-1, 99-2; Titelbild: Bildagentur Huber/Gräfenhain.

Intelligentes Leben im Meer - live und hautnah

Insgesamt 24 Wal- und Delfinarten wurden in den Gewässern der Azoren gezählt. Der Walfang endete 1987. Heute erfreut sich die Walbeobachtung großer Beliebtheit. Neben dem häufigen Pottwal bekommt man vor allem den Falschen Schwertwal, Atlantischen Fleckendelfin und Rissos Delfin vor Augen und Kamera. Aber auch Blau-, Finn- und Buckelwale werden gesichtet.

Den Riesensäugern auf der Spur

Whale-Watching-Touren
Espaço Talassa, Lajes do Pico, Tel. 292 672 010, www.espacotalassa.com.
Peter Café Sport, Horta (Faial), Buchung über Base Peter Zee (nahe dem Café), Tel. 292 292 327.
Futurismo, Ponta Delgada (São Miguel), Tel./Fax 296 628 522, www.azoreswhales.com.

Bei der Suche nach Walschulen verlassen sich die Whale-Watching-Anbieter auf ehemalige Walfänger, die mit Ferngläsern auf der Lauer sitzen und per Funk Anzahl und Standort der gesichteten Tiere melden. Zu diesem Zweck wurden auf Pico, Faial und São Miguel die alten **Vigias** (Beobachtungstürme) reaktiviert. Veranstalter garantieren Erfolgsraten von nahezu 100 Prozent. Die Boote dürfen sich den Walen nur begrenzte Zeit und höchstens bis auf 50 Meter Entfernung nähern. Wissenschaftliche Studien ergaben, dass sich die Wale so nicht nennenswert gestört fühlen.

★ Auf Pico ist die **Vigia** an der **Ponta da Queimada** von Mai bis Oktober zu besichtigen (etwa 1 km außerhalb von Lajes an der Straße nach Calheta).

Tipps für die Bootsfahrt

Regelmäßige Ausfahrten finden von April bis Oktober statt. Im Hochsommer empfiehlt sich die frühzeitige Buchung, während man in der Nebensaison nach Mitstreitern suchen muss, denn vier Teilnehmer sollten für eine Tour mindestens zusammenkommen. Die Kosten liegen bei 50 € pro Person.
Einige Anbieter setzen kleine Hartbodenschlauchboote mit leisem Motor ein, in denen man schon mal ein paar Wasserspritzer abbekommt.
Im Hochsommer genügen Badekleidung und T-Shirt, in den Übergangszeiten schützen Anorak und Jogginghose vor zu starker Abkühlung. Seefestigkeit ist von Vorteil, denn je nach Wetterlage wird man ganz schön durchgeschaukelt (Tabletten gegen Seekrankheit besser schon zu Hause in der Apotheke besorgen!).

Literatur zur Vorbereitung

- Fabian Ritter: **Wale beobachten. Outdoor Handbuch.** Conrad Stein, Kiel 2004.
- Petra Deimer: **Wale und Delphine.** Was-ist-was? Bd. 85, Tessloff, Nürnberg 1999.
- Mark Carwardine: **Wale und Delfine in europäischen Gewässern.** Delius Klasing, Bielefeld 2003.

Wal-Souvenirs

Auf den Azoren werden immer noch Andenken aus Zähnen und Knochen des Pottwals angeboten. Die Einfuhr in EU-Länder ist verboten! Kunsthandwerk aus alternativen Materialien (Holz, Stein, »pflanzliches Elfenbein« aus den Samen der Tagua- oder Steinnuss) gibt es in den Läden von **BOCA (Espaço Talassa)**: Lajes do Pico, Caminho de Baixo 17; Horta (Faial), nahe Jachthafen In der Avenida 25 de Abril, Ponta Delgada (São Miguel), Rua Eng. José Cordeiro 89.

Schwimmen mit Delfinen

Delfine sind manchmal auch in der freien Wildbahn so zutraulich und neugierig, dass sie sich Booten nähern und Menschen mit ihnen schwimmen können. Wer dies tun möchte, sollte über eine gute Kondition verfügen. Der Einsatz von Tauchgerät ist verboten, aber mit Schnorchel und Brille ausgestattet, bekommt man unter Wasser Sichtkontakt. Oft sind mehrere Anläufe notwendig. Der Skipper des Bootes entscheidet, ob die Delfine in Spiellaune sind.
Für Familien werden auf Pico im Sommer **Delfincamps** veranstaltet. Die Kinder haben Spaß und erfahren viel über die sympathischen Meeressäuger.

Infos und Buchung im Internet

- www.espacotalassa.com. Im Paket mit Übernachtungen ab ca. 500 €.
- www.whales-dolphins.net. Pico Sport, unter deutscher Leitung.
- Delfincamps und Walbeobachtungswochen bei www.the-dolphin-experience.de, www.dolphintours.de, www.awo-strausberg.de.

Mehr als nur Strände

Auf den Azoren gleicht kein Badetag dem anderen. Sandstrände gibt es zwar nicht viele, doch die wenigen haben es in sich: Baden im Meer ist wegen der Brandung nicht überall ungefährlich. Allerdings haben die Azorianer mit Felspools eine Alternative geschaffen. Wem das Meerwasser zu kalt ist, wird sich gerne in wohlig-warmen Thermalbecken vergnügen.

Warnflaggen
Auch die Lavapools sind nicht bei jeder Wetterlage zu benutzen! Flaggen zeigen die aktuelle Situation an:
Grün = keine Gefahr
Gelb = Baden nur für geübte Schwimmer
Rot = Baden verboten

Strände – klein aber fein

Den längsten Badestrand der Azoren besitzt **Praia da Vitória** (Terceira, s. S. 71). Durch Wellenbrecher ist er besonders sicher und auch für Kinder geeignet. Komfort bietet ein Strandbad mit Duschen und Umkleidekabinen.
Landschaftlich traumhaft gelegen, aber auch der Brandung stärker ausgesetzt ist die **Praia dos Mosteiros** an der Nordwestküste von São Miguel. Gefahrloser badet man am Strand von **Ribeira Quente** im Süden der Insel. Warme Quellen, die unter dem Meeresspiegel sprudeln, sorgen dort für angenehme Wassertemperaturen. Normalerweise erreicht der Atlantik bei den Azoren selbst im August kaum mehr als 22 °C. Badesaison ist von Juni bis November, wenn die Wassertemperaturen über 18 °C liegen.

Pools im Lavafels

Die schönsten Lavapools befinden sich in **Biscoitos** (an Terceiras Nordküste). Je nach Gezeitenstand schwimmt man im geschützten inneren Teil oder inm offenen Meer. Betonierte Liegeflächen, Umkleidekabinen und Duschen machen aus der Anlage ein gepflegtes Schwimmbad.
Der Lavapool von **Varadouro** (Faial; s. S. 86) ist nur im Sommer in Betrieb. Wenn er kein Wasser enthält, badet man direkt im Meer in einer geschützten Felsbucht. Mit allen Einrichtungen versehen wurde die ausgedehnte Felsbadeanlage von **Madalena** im Nordwesten von Pico. Vielleicht noch schöner, weil naturbelassener, ist das Lavabad von **Santo António** in der Baia da Furna (westlich von Cais do Pico an der Nordküste).

Relaxen im Thermalbad

Heiße Quellen und stilvolles Jahrhundertwende-Ambiente bieten Wellness auf romantische Art. Stets über 30 °C warm ist der Badeteich im Park von **Furnas** (São Miguel, s. S. 61), das größte Thermalbecken der Welt! Durch seine wildromantische Umgebung besticht nicht weit entfernt das wesentlich kleinere, frei zugängliche Becken von **Caldeira Velha** (s. S. 66), das von einem warmen Wasserfall gespeist wird. Im etwas altmodisch wirkenden Thermalkurort **Caldeiras** (s. S. 66) gönnen sich die Einheimischen gern ein heißes Wannenbad.
Im Süden Graciosas besitzt **Carapacho** (s. S. 77) eine Thermalquelle und ein wunderschönes Kurhaus. Hier bieten Wannenbäder in 40 °C warmem Heilwasser, das vor allem gegen Rheuma Wunder wirken soll, puren Genuss.

Kuren lässt sich im noblen **Hotel Terra Nostra** in Furnas angenehm gestalten. Park und Thermalbad stehen Hotelgästen frei zur Verfügung. Im angeschlossenen Gartenhaus **Casa do Parque** nutzt ein deutscher Arzt für chinesische Medizin die Heilquellen von Furnas für eine entspannte Kur (s. S. 61).
Das ehemalige Kurhaus von Furnas wird zum **Furnas Spa Hotel** ausgebaut (Eröffnung voraussichtlich 2008). Seine Wellnessoase wird über Thermalpools, Jacuzzi, Hydrogymnastikbecken und Saunalandschaft verfügen.

Baden im Atlantik bei ablaufendem Wasser ist nicht ungefährlich – auch geübte Schwimmer wurden schon abgetrieben. Örtliche Tageszeitungen veröffentlichen die Zeiten des höchsten *(maré alta)* und niedrigsten Wasserstandes *(maré baixa)*.

FKK: Offiziell darf man in Portugal weder hüllenlos noch »oben ohne« baden. Einheimische sehen es auch bei Touristen nicht gern.

Thermalschwimmbecken Furnas: Tel. 296 549 090, Mo–Sa 9.30–18.30 Uhr. Eintritt 4 € (inkl. Park).
Thermalbad Caldeiras: Mo–Fr 9–12, 14–16 Uhr (nur im Sommer). Wannenbad 2,50 €.
Thermalbad Carapacho: Tel. 295 712 271, tgl. 8.30–17 Uhr (nur Mai bis September). Wannenbad 2 €.

Käse aus Rohmilch erlebt in Portugal eine Renaissance. Insbesondere der Azoren-Käse erfreut sich wachsender Beliebtheit. Den unvergleichlichen Charakter verdankt er der salzhaltigen, feuchten Luft und der speziellen Flora der Weiden mit ihren intensiv duftenden Minzekräutern.

Kleine **Inseln** – großer **Geschmack**

Käsereibesichtigung
Cooperativa Leitaria da Beira: Beira (São Jorge), an der Hauptstraße. Mo–Fr 8–16 Uhr (s. S. 82).
Unicol: Santa Cruz da Graciosa, an der Straße nach Luz. Mo–Fr 8–16 Uhr.

Höhepunkt einer Inselrundfahrt ist ein Picknick im romantischen Park von **Piedade**. Dazu gehört natürlich der **Queijo do Pico**, den man auf dem Hinweg in einer Käserei besorgt.

Spezialität aus São Jorge

Am blauen Aufdruck »Denominação de Origem« (Ursprungsbezeichnung) und dem goldenen, nummerierten Etikett ist der echte **Queijo São Jorge** zu erkennen. Ein Käselaib wiegt zwischen acht und zwölf Kilogramm. In einer ersten Reifephase, die etwa einen Monat dauert, lagert er in natürlichen Höhlen. Während dieser Zeit wird er täglich umgedreht. Danach reift er noch zwei Monate in klimatisierten Kammern.
Flämische Einwanderer sollen die Rezeptur für den Hartkäse mit den kleinen, unregelmäßigen Löchern bereits im 15. Jahrhundert nach São Jorge gebracht haben. Schon bald wurde der Queijo São Jorge zum Exportartikel. Die Portugiesen verwenden die azorianische Käsespezialität gerne gerieben, ähnlich wie einen Parmesan. Aber auch Fondues aus Queijo São Jorge verschaffen ein unvergessliches Geschmackserlebnis. Ansonsten genießt man ihn meist pur, als Vorspeise oder zum Dessert.

Von anderen Inseln

Milder ist der **Queijo da Ilha** bei einer Reifezeit von nur 45 Tagen. Er darf auch auf anderen Azoreninseln hergestellt werden und kommt meist von São Miguel oder Graciosa. Kenntlich ist er an den weiß-blau-grünen Etiketten.
Der **Queijo do Pico** wird handwerklich in kleinen Familienbetrieben hergestellt. In den Käsereien auf Pico kann man mit etwas Glück erleben, wie die Rohmilch nach der Zugabe von Lab und Salz ausflockt und der Käsebruch dann in Ringformen

gepresst wird. Der abgetropfte, mit etwa 16 Zentimeter Durchmesser recht handliche Rundkäse reift anschließend vier Wochen lang in der Klimakammer.

Käsereien auf Pico

- **José Pereira da Silva:** Criação Velha (an der Kirche aufwärts bis zum Ortsrand). Tgl. 8–20 Uhr.
- **Sociedade de Produção de Lacticinios:** São João (an der Durchgangsstraße gegenüber vom Rathaus). Tgl. geöffnet.

Frisch und selbst gemacht

Viele Azorianer fertigen noch selbst **Queijinho fresco** (Frischkäse) aus Ziegenmilch. Käselab gibt es in jedem Supermarkt. Die Milch wird durch ein Teesieb gefiltert, dann das Lab untergerührt. Nach dem Gerinnen tropft der Käsebruch in einer Ringform ab und ist bald fertig zum Verzehr. Im Laden sucht man diese Spezialität vergeblich. Einfache Kneipen servieren sie jedoch gelegentlich ihren Gästen, man sollte danach fragen!
Hausgemachter Frischkäse aus Rohmilch von der Kuh ist unverzichtbare Zutat für die **Queijadas**, die winzigen Käsekuchen, die von einigen Familienbetrieben auf Graciosa und in Vila Franca do Campo (São Miguel) gebacken werden. Außerdem kommen Mehl, Butter, Zucker und reichlich Eigelb in den Teig.

Zum Ziegenfrischkäse gehört **Piri-Piri**. Hauptbestandteil dieser höllisch scharfen Würzmischung sind klein gehackte **Malagueta-Schoten**, wie sie auf den Azoren noch in vielen Gärten geerntet werden. Darunter mischt man Olivenöl, Essig und Salz. Piri-Piri gibt es überall fertig zu kaufen – ein nettes Mitbringsel, um auch zu Hause einem feinen Ziegenfrischkäse den richtigen Pepp zu verleihen.

Hier gibts Queijadas

- **Pastelaria Quiteria:** Vila Franca do Campo, Rua da Vila 79/Ribeira das Tainhas, Tel. 296 583 292.
- **Pastelaria Queijadas da Graciosa:** Praia (am Hafen vor den Öltanks links, dann wieder links), Tel. 295 712 914.

Gärten im Atlantik

Der Zeit entrückt, ruhten die neun Eilande im Atlantik, bis die Portugiesen 1427 erstmals an ihren Küsten Anker warfen. In den Jahrhunderten danach war der kulturelle Austausch mit Portugal sowie innerhalb des Archipels auf ein Minimum beschränkt, zu weit waren die Wege, zu ungestüm tosten die Wellen des Ozeans. So entwickelten sich in der Abgeschiedenheit der einzelnen Inseln ganz spezielle Bräuche, und jede von ihnen pflegt bis heute ihr Eigenleben.

Auf Schritt und Tritt offenbart sich der Charakter der Miniaturwelten rund um die einsamen Vulkankegel. Kräftige Brisen scheuchen schneeweiße Wolken wie zerrupfte Wattebäusche quer über den astralblauen Himmel. Minuten später quellen dunkelgraue Nebelschwaden über die sattgrünen Bergrücken und lassen sich kurz darauf von Sonnenstrahlen durchschneiden. In der Stille der Krater längst erloschener Vulkane glitzern blaugrüne Seen. Die herbe Schönheit des Farbenspiels setzt sich fort in der milchigen Gischt des tiefblauen Atlantiks, der seine Wellen gegen die pechschwarzen Basaltfelsen wirft.

Lage und Landschaft

Wie Trittsteine markiert der Vulkanpark der Azoren weit draußen im Atlantik – zwischen 1500 km und 1900 km von Lissabon entfernt – das Ende des ersten Wegdrittels nach New York. Zur **Ostgruppe** *(grupo oriental)* gehören São Miguel, die größte und vielfältigste Insel, sowie Santa Maria. Fünf Eilande drängen sich zur **Zentralen Gruppe** *(grupo central)* zusammen: Terceira, die dritte (entdeckte) Insel, Graciosa, die »liebliche«, außerdem das grüne Gebirge São Jorge, das nach dem 2351 m hohen Vulkan benannte Pico und das blaue Faial – *a ilha azul*. Als **Westgruppe** *(grupo ocidental)* bilden die gebirgige Insel Flores (»Blumen«) und das winzige Corvo die westlichen Eckpunkte Europas.

Ihre Entstehung und Dynamik verdanken die Azoren den siedend heißen Prozessen, die den so genannten Mittelatlantischen Rücken formen. Seit einigen Millionen Jahren driften die Amerikanische auf der einen, die Eurasische und die Afrikanische Platte auf der anderen Seite auseinander. Hauchdünn spannt sich die Erdkruste an dieser strapazierten Stelle über den glühenden Erdkern unter dem Meer. Von Zeit zu Zeit reißen die zarten Bande und lassen flüssiges Gestein emporquellen. Die gigantische untermeerische Gebirgskette, die entstand, zeigt nur ihre höchsten Gipfel.

Der Azorenarchipel thront auf dem Mittelatlantischen Rücken, wie z. B. auch Island. Hingegen verdanken die vom Aufbau her ähnlichen Vulkaninseln Madeira, Kanaren und Kapverden ihre Existenz Rissen im Ozeanboden, die durch Stauchungsvorgänge vor der afrikanischen Küste im Zusammenhang mit der Kontinentaldrift entstehen.

Pico: Erstarrte Lava kann die bizarrsten Formen annehmen

Besucher bekommen die längst stillen Zeugnisse des Vulkanismus rund um die Feuerberge gefahrlos zu sehen: Schwefelig qualmt es aus den Fumarolen in der warmen Erde, und Quellen führen heißes Wasser. Jede der Inseln kann mit *caldeiras* (port.: Kessel) aufwarten, die bis zu mehreren Kilometern breit sind. Ihre Entstehung erklärte man sich früher so, dass bei einer gewaltigen Eruption die Spitze eines Vulkanbergs weggesprengt wurde. Wahrscheinlich geht jedoch der Einsturz des Vulkangebäudes über einen Hohlraum im Erdinneren eher allmählich vonstatten.

Asche und die leichten *lapilli* (kieselsteingroße poröse Steinchen) fliegen weit davon, die schwereren Lavabomben (Basaltbrocken) poltern hinterher, schaffen aber nur kürzere Flugstrecken. In den von Lockermaterial abgedichteten Kraterböden sammelt sich das Regenwasser und bildete im Laufe der Jahrhunderte stille *lagoas* (Seen).

Vom Inneren der Vulkankrater steigen die Wände steil empor, an der Außenseite jedoch fallen die Hänge sanft zur Küste ab. Vulkankegel und erkaltetes Magma (flüssige Gesteinsmasse aus dem Erdinneren) aus vergangenen Jahrmillionen formen die Inselrücken.

Jeden Tag vier Jahreszeiten

Mag das Azorenhoch, das sich regelmäßig über dem Atlantik südlich der Inseln aufbaut, auf seiner Zugbahn nach Kontinentaleuropa sonniges Wetter verheißen, so hat in der insularen Wetterküche jeder Tag vier Jahreszeiten – sagen die Azorianer. Gemeint sind damit die schnellen Wechsel von Regenschauern und Sonnenschein, Sturmböen und Windstille. Verfeinert wird das klimatische Geschehen durch landschaftliche Eigenheiten auf den einzelnen Inseln: Die Nordküsten erleben fast immer einen raueren Seegang, genießen dafür aber mehr Sonne als die Südseiten.

Auch im Sommer hüllen sich die Berge häufig in Nebelbänke. Doch richtig kalt wird es nie. Für ausgeglichene Temperaturen sorgen erstens die subtropisch-maritime Lage südlich des 40. Breitengrades (vergleichbar Süditalien) und zweitens der letzte Zipfel des warmen Golfstroms aus der Karibik, der an den Inseln vorbei-

Klima und Reisezeit

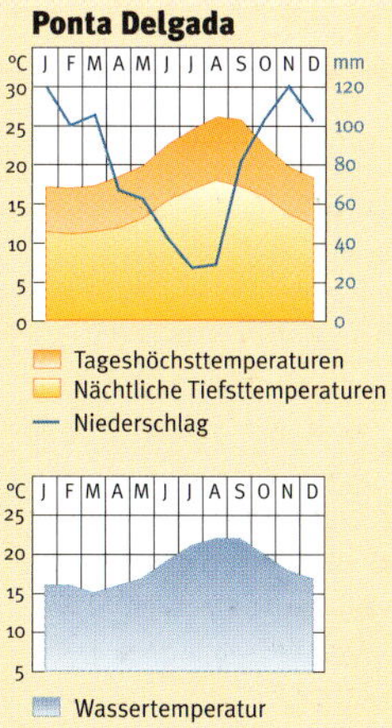

wischt. Die hohe Luftfeuchtigkeit um 75 % sowie eine stetige Brise begleiten angenehme Temperaturen von 16 bis 25 °C.

Klimatisch gesehen ist die beste Reisezeit der Sommer zwischen Juni und September, wobei im Juli/August die auf São Miguel gemessenen 250 Sonnenstunden pro Monat viele Portugiesen anlocken. Besonderen Reiz haben die Wintermonate und die Übergangszeit im April/Mai sowie im Oktober, wenn kaum Touristen unterwegs sind, aber an manchen Tagen strahlender Sonnenschein auf die Inseln fällt. Zu dieser Zeit wie in den übrigen Monaten gilt: Außer einem robusten Regenschutz gehört ein Pullover ins Tagesgepäck. Besucher der Azoren müssen sich intensiv mit dem Wetter auseinandersetzen. Schnell reagieren heißt es bei Wanderungen. Man sollte dann die Höhen erklimmen, wenn der Himmel kurzfristig seine Sonnentore öffnet.

Bezaubernde Flora

Durch ihre erdgeschichtlich späte Geburt boten die Inseln nur einen kurzen Zeitraum für die Entwicklung von Lebewesen. Darüber hinaus ist die Abgeschiedenheit der Azoren Grund für die Existenz von allein 56 Pflanzenarten, die nirgendwo sonst auf der Welt anzutreffen sind (so genannte Endemiten). Die hohe Feuchtigkeit rund um die Inselberge lässt erstaunliche 425 Moosarten gedeihen, und in der Höhe wuchern mächtige Farne.

Natürlicher Bewuchs

Die Azorenvegetation oberhalb 500 m ist eine dichte Decke aus Sträuchern und Bäumen – teils einzigartigen grünen Charakterköpfen wie *Laurus azorica* (port.: *louro*), einem immergrünen

Baumheiden und Hortensien sind häufige Wegbegleiter

Lorbeerstrauch mit dichter Krone und Wollhaaren an den jungen Zweigen, oder *Juniperus brevifolia* (port.: *cedro-do-mato*), einer Wacholderart. Gerne als Brennholz genutzt wurde die meist neongrün beblätterte und bis zu 6 m hohe *urze (Erica azorica)* aus der Gattung der Baumheiden. Die größten zusammenhängenden Restbestände des Lorbeer-Wacholder-Waldes finden sich auf São Miguel, Terceira und Pico.

In der Vegetationszone zwischen 300 und 600 m über dem Meer gedeiht die Azoren-Picconie (*Picconia azorica,* port.: *pau branco*). Dieser strauchförmige Baum gilt auf einigen Azoreninseln als ausgerottet. Zum Verhängnis wurde ihm sein wertvolles Holz, das vorwiegend zum Bau von Möbeln verwendet wurde. Größere Bestände gibt es noch in den Küstenebenen von Pico. Die Azoren-Picconie ist auf dem Archipel endemisch. Eine verwandte Art lebt auf Madeira und den Kanarischen Inseln.

Bevorzugt oberhalb 400 m wächst der schöne Strauch *uva-da-serra* (Heidelbeerbaum, *Vaccinium cylindraceum*) mit seinen 2–5 cm langen Blättern und rosafarbenen bis blassweißen Blütentrauben. Auf Meeresniveau ist *Myrica faya* (Gagelbaum, port.: *faia*) kennzeichnend für den natürlichen Küstenbewuchs. Der immergrüne

Oberhalb 400 m wächst die »uva-da-serra«, der Heidelbeerbaum

Strauch oder Baum mit schwertförmigen, dunkelgrünen, glatten Blättern wurde zum Schutz der Orangenbäume gepflanzt. In der salzigen Luft in Meeresnähe fühlen sich Gräser und Binsen wohl. Hier hat sich auch das endemische Schwingelgras *Festuca petraea* etabliert.

Farbenfrohe Zierpflanzen

Die meisten der 850 höheren Pflanzen kamen mit frühen Siedlern auf die Inseln. Eine der reizvollen Zierpflanzen, die die ganzen Inseln zu Gärten machen, ist *Hedychium gardneranum* (Zier-Ingwer, port.: *conteira*) mit gelborangen Blüten in 20–30 cm langen Rispen. Im 19. Jh. aus dem Himalaya eingeführt, fasste die Pflanze überall dort Fuß, wo Wald gerodet wurde. Ein wahrer Wucherer ist *Pittosporum undulatum*. Der Strauch mit länglichen, spitzen Blättern aus der Gattung der Klebsamen wurde ursprünglich aus Australien zum Windschutz der Orangenplantagen einführt. Heute breitet sich die Klebsame über weite Flächen aufgelassener Weinberge, Felder und Weiden rasend schnell aus.

Viele Zierpflanzen aus anderen Regionen der Erde sind längst keine Fremdlinge mehr, nachdem sie auf Feldern und in Gärten verwilderten. Die Blütenpracht von Hortensien, Azaleen, Hibiskus, Rosen und Kamelien bestimmt das Landschaftbild der Azoren weit mehr als die unscheinbaren Farben der heimischen Arten.

Friedliche Fauna

Gefährliche Tiere braucht man nicht zu fürchten. Die größten Säugetiere gehören zur friedliebenden Sorte der Huftiere: Keine Insel, wo nicht die schwarzweiß gescheckten Kühe weiden. Fehlanzeige bei giftigen Amphibien oder Reptilien. Die harmlosen Eidechsen und Frösche kamen per Schiff auf die Inseln, genauso die sich stark vermehrenden Kaninchen, Ratten, Mäuse und Igel.

Könige der Lüfte

Interessante Aufschlüsse über die Namensgebung der Azoren liefert die Vogelwelt. Nach *açores,* Habichten, sucht man allerdings vergeblich, denn die portugiesischen Seefahrer hatten sie mit Bussarden verwechselt. Etwa 30 Vogelarten sind auf den Inseln verbreitet. Star, Rotkehlchen, Buchfink oder Mönchsgrasmücke unterscheiden sich von ihren kontinentalen Verwandten meist lediglich durch dunklere Farben. Einzig ein unauffälliger grauer Vogel in der Größe eines Spatzes zählt zu den ornithologischen Raritäten: *Priôlo* – wörtlich Domherr – heißt er, der Azorengimpel *(Pyrrhula pyrrhula murina)* mit seiner schwarzen Kopfkappe. Als Dompfaff kennt man seinen mitteleuropäischen Artgenossen. Etwa 300 Exemplare leben im Osten von São Miguel. Ob der *priôlo* vor dem Aussterben bewahrt bleiben kann, wird vom Erhalt seiner einheimischen Nahrungspflanzen wie *uva-da-serra* (s. S. 14) abhängen. An den Küsten schreien und schwirren scharenweise die *cagarras:* Nach Schätzungen von Ornithologen brüten 60 % des europäischen Bestandes der Rosenseeschwalbe auf den bizarren Felsen vor der Küste der Ostgruppe.

Meeresbewohner

Außer vielen Speisefischen (s. S. 28) tummeln sich im Lebensraum Meer Delfine *(delfim)* und über 20 Walarten. Der Pottwal *(cachalote)* wurde noch bis 1983 harpuniert und industriell verwertet. 1987 erlegte man drei Wale allein wegen ihrer Zähne und Knochen, aus denen teure Souvenirs hergestellt werden. Seitdem hält man sich an ein selbst auferlegtes Fangverbot. Der handwerklich betriebene Walfang, für den das Washingtoner Artenschutzabkommen eine Sonderregelung vorsieht, ist auf den Azoren theoretisch weiterhin erlaubt (s. S. 89).

Die häufigste Art der Meeresschildkröten ist *Caretta caretta.* Wie vier andere Arten macht sie auf den Azoren nur Halt, wenn sie vom Westatlantik mit dem Golfstrom zu den Kapverden und zum Mittelmeer driftet.

Bevölkerung

Noch nicht einmal eine Viertel Million Menschen verteilen sich auf den neun Inseln, 131 000 schluckt allein São Miguel. So gestaltet sich das Zusammenleben auf dem Archipel sehr übersichtlich. Familie und Freunde rücken in den Mittelpunkt des Lebens. Und sobald ein Ausländer den Azorianern ein holpriges *Bom dia* (Guten Tag) wünscht, weicht deren Zurückhaltung einer erfrischenden Herzlichkeit.

Die Insulaner fühlen sich erst in zweiter Linie als Bürger des Mutterlandes. Im Gegensatz zu den Inseln steht der *continente,* womit Festland-Portugal gemeint ist. Viele Menschen haben die Azoren noch nie verlassen, und wenn, dann fliegen sie meist nicht nach Portugal, sondern in die USA oder nach Kanada.

Knapp über eine Million Azorianer leben im Ausland. Wie sehr sie mit dem Archipel verbunden sind, zeigt sich auf den Festen, zu denen sie aus weit entfernten Ländern anreisen. Auch die Daheimgebliebenen vergessen nicht, voller Stolz die Vorzüge und Schönheit der eigenen Insel zu loben. Gerade in den Liedern spiegelt sich ihre Liebe wieder.

Die Selbstversorgung aus Garten und Meer hat Tradition. Kam es dennoch zu Hungersnöten, so scheuten sich die Azorianer nicht, den Atlantik zu überqueren. Im 17. Jh. wanderten viele nach Brasilien aus, im 18. und 19. Jh. heuerten sie als Harpuniere und Ruderer auf amerikanischen Walfangschiffen an, später emigrierten sie zu Tausenden nach Amerika. Es entstanden die Auswandererkolonien,

Fröhliche Umzüge ...

... und Brot aus Maismehl gehören zur Festa do Espírito Santo

zunächst in den Walfanghäfen der Ostküste der USA, danach in Kalifornien und auf den Pazifikinseln, in Montreal und Toronto. Nordamerika wurde geradezu zum zehnten Azoreneiland.

In dem Erzählband **Unter dem Azorenhoch. Inselgeschichten aus Flores** erfährt man viel vom Alltag und der Mentalität der Portugiesen. Der Autor Horst Filzwieser lebt mehrere Monate im Jahr auf Flores (Weishaupt, 2001).

Religion

Große Kirchen in kleinen Ortschaften, meist im Ensemble mit einem *império,* dem Heiliggeisttempel (s. S. 74), versinnbildlichen den Stellenwert der Religion. Über Krankheiten und Naturkatastrophen, denen man fernab des Festlands ausgeliefert war, konnte nur der Glaube hinweghelfen. Die Farbenpracht der kirchlichen Umzüge lässt Außenstehende eher an Volksfeste als an Prozessionen denken. Doch Abwechslung ist immer willkommen, zumal die Inseln wenig Unterhaltung im größeren Rahmen bieten.

Heiliggeistfeste

Auf der Flagge der Azoren symbolisiert die Taube, umrahmt von neun goldenen Sternen, den Heiligen Geist. Die **Festas do Espírito Santo** (Heiliggeistfeste) verbinden alle neun Inseln. Jedes Dorf organisiert sein Fest aus Spendengeldern. So toben von April bis September die ausgelassenen Spektakel, die jeweils in der Krönung eines Bauernkaisers *(coroação do imperador)* gipfeln. Untrennbar verbunden mit der Zeremonie ist die *sopa do Espírito Santo* (Heiliggeistsuppe, s. S. 29). In riesigen Töpfen wird sie für alle Teilnehmer zubereitet und beim *Cortejo do Bodo,* dem »Umzug zur Armenspeisung«, verteilt. In Terceira schließen sich an das Fest die Tage der *touradas à corda* (s. S. 48) an.

Wirtschaft

Für ihre Lebensform haben die Azorianer ein eigenes Wort: *insularidade*. Diese »Inselhaftigkeit« gibt nicht nur die Geografie des Archipels wieder, sondern genauso die dadurch bedingten wirtschaftlichen Probleme sowie die Verbundenheit der Menschen mit ihren Inseln. Die Azoren kämpfen gegen die Auswirkungen der geografischen Randlage, der fast 50-jährigen inneren und äußeren Isolation während der Salazar-Diktatur und gegen überkommene gesellschaftliche Strukturen. Die Verbesserung der Infrastruktur durch den Ausbau des Verkehrsnetzes, moderne Kommunikation und Gelder aus Brüssel sind allenfalls die Spitze des Eisbergs. Man wartet noch immer auf Investoren, die die Entwicklung voranbringen.

Veränderte Zeiten

Im 16. und 17. Jh. lebten die Azoren von der Ausfuhr der begehrten Naturfarbstoffe Orseille und Indigo, die aus der Färberflechte (port. *urzela*) bzw. der Färberwaid (port. *pastel*) gewonnen werden. Neue Herstellungstechniken und Anbaugebiete warfen die Naturprodukte aus dem Rennen, und Orangen, Tabak, Wein, Tee, Ananas und Zuckerrüben, deren Ausfuhr im 19. Jh. das Auskommen der Menschen sichern sollte, können heute nicht einmal den Eigenbedarf decken.

Hoffnung keimte Anfang des 20. Jhs. auf. Walverarbeitungsfabriken entstanden, die Azoren wurden Knotenpunkt im Transatlantikflugverkehr sowie der telegrafischen Fernübermittlung. Der Bau amerikanischer und französischer Militäranlagen nach dem Zweiten Weltkrieg schuf Arbeitsplätze. Nur zu schnell erlosch das wirtschaftliche Strohfeuer, und unzählige Menschen mussten abermals ihr Glück im Ausland suchen.

Da sich die industrielle Produktion weitgehend auf Milchprodukte und Fischverarbeitung beschränkt, werden die meisten Konsumgüter importiert. Dank der EU-Mitgliedschaft ist dies heute kein Problem mehr, auch wenn manches aufgrund der hohen Transportkosten etwas teurer ist als etwa auf dem portugiesischen Festland.

Steckbrief

- **Lage:** Neun Inseln mit einer Gesamtfläche von 2333 km² (2,5 % v. Portugal). 39° 43'–36° 55' nördl. Breite, 24° 46'– 31° 16' westl. Länge. Fajã Grande auf Flores ist Europas westlichster Ort.
- **Größte Insel:** São Miguel mit 759,41 km², 131 500 Einw., 170 Einw./km².
- **Kleinste Insel:** Corvo mit 17,45 km², 400 Einw.
- **Höchste Erhebung** des Archipels und Portugals: Pico (2351 m) auf der gleichnamigen Insel.
- **Politischer Status:** Seit 1976 regionale Autonomie (administrativ) der Inselgruppe innerhalb Portugals; Hauptstadt Ponta Delgada auf São Miguel (65 000 Einw.).
- **Bevölkerung:** ca. 242 000, davon 8000 Ausländer (Brasilianer, Ukrainer u. a.); ca. 103 Einw./km².
- **Konfession:** v. a. röm.-katholisch.
- **Sprache:** Portugiesisch.
- **Erwerbstätige:** Landwirtschaft und Fischerei 12 %, Dienstleistungen 62 %, Handwerk und Industrie 26 %.

Die in den vergangenen Jahren reichlich aus Brüssel geflossenen Fördermittel für die »ultraperiphere Region« haben die Azoren vom Status des »Armenhauses in Europa« befreit. Die Auswanderung ist dank Infrastrukturmaßnahmen und Subventionen zum Stillstand gekommen.

Während allerdings in den Jahren 2000 bis 2003 praktisch Vollbeschäftigung herrschte, ist die Arbeitslosigkeit seither wieder auf Werte über 4 % angestiegen.

Landwirtschaft und Fischerei

Wohin der Weg führt, zeigen die Beschäftigungszahlen: Arbeiteten 1970 noch 50 % der Beschäftigten in der Landwirtschaft und Fischerei, so sind es heute nur noch rund 12 %. Das Stück Land, das fast jede Familie besitzt, trägt aber nach wie vor zum Lebensunterhalt bei. Weit über die Selbstversorgung hinaus geht die Fleischproduktion auf den größeren Höfen. Rund 25 % der 200 000 Rinder werden jährlich auf das Festland gebracht. São Miguel und Terceira liefern mit 60 % den Hauptanteil. Bei 96 000 Milchkühen sind Molkereiprodukte und Käse eine feste Größe.

Ums Überleben kämpfte lange die Fischerei. Dank der EU-Fördermaßnahmen hat sich die Situation deutlich verbessert. Eine erneuerte, besser ausgerüstete Flotte sorgt für steigende Erträge. Zudem ist die – nach der Öffnung der azorianischen Gewässer für die EU-Fischereiflotten ab 2004 praktizierte – zerstörerische Grundschleppnetzfischerei seit 2006 wieder verboten. Von Tunfisch & Co. sind v. a. São Miguel und Pico abhängig; sie bringen über 70 % des azorianischen Fangs ein. Hauptabnehmer ist Italien.

Energie und Tourismus

Extrem belastet wird die Handelsbilanz durch den Import von Öl, Benzin und Kohle. Als Reaktion darauf wird auch der Bau geothermischer Kraftwerke vorangetrieben, deren Anteil an der Stromversorgung des Archipels bei etwa 11 % liegt. Der Anteil der Windkraft stagniert hingegen bei etwa 4 %, Wasserkraft hat kaum Bedeutung.

Landschaft, Klima und vor allem die Ruhe locken eine überschaubare Zahl von Individualtouristen an. Unter den ausländischen Besuchern stellen die Deutschen mit rund 15 000 pro Jahr die größte Gruppe, dicht gefolgt von Schweden, Dänen und Norwegern.

Der Archipel fördert den »sanften Tourismus«. Die Bettenkapazität, die Anfang der 1990er-Jahre stark gestiegen war und dann stagnierte, wird weiter ausgebaut. Jetzt gibt es mehr als 8000 Gästebetten auf den Azoren; weitere Hotels sind im Bau.

Politik

Eines ist den Inseln seit Jahrhunderten gemeinsam: Sie bekennen sich eindeutig zu Portugal, aber bei inneren Angelegenheiten lassen sie sich nicht gerne von Lissabon hineinreden. So stimmten 1771 alle neun überein, dass man sie nicht als Kolonie einstufen dürfe (s. S. 21). Ebenso einig waren sich die Azorianer 1895, als die drei Distrikte ihre administrative Selbstständigkeit durchsetzten, ohne von Portugal unabhängig sein zu wollen.

Allerdings bröckelt die nach außen gezeigte Verbundenheit, wenn innenpolitische Belange anstehen. Untereinander beäugen sich die neun zwar nicht misstrauisch, aber recht genau. Dies hat sicher auch historische Gründe: Während der spanischen Fremdherrschaft 1580 bis 1640 wehrte sich Terceira am längsten gegen die Invasoren, während andere aufgaben. Ähnliches geschah während des Thronfolgestreits Anfang des 19. Jhs.

Zwei Jahre nach der Nelkenrevolution, die die Salazar-Diktatur 1974 beendete, ging für den Archipel der Traum in Erfüllung: Die autonome Regierung der Azoren wurde ausgerufen, im Juni 1976 ein Parlament gewählt. In den letzten 30 Jahren hat sich auch dank Fördergeldern aus dem EU-Strukturhilfefonds viel getan: Krankenhäuser entstanden, die Infrastruktur hat sich verbessert, der Lebensstandard erhöht und man bemüht sich um Investoren aus EU-Ländern.

Geschichte im Überblick

Zeit der Entdeckungen

1351 Auf einer genuesischen Seekarte ist erstmalig ein Archipel eingezeichnet, der später Ilha dos Corvos Marinhos oder Ilha do Brasil genannt wird.

1416–1460 Prinz Heinrich der Seefahrer treibt als Großmeister des Christusordens die portugiesischen Entdeckungsfahrten voran. Die Schiffe sollen das geheimnisvolle Reich des Priesterkönigs Johannes im Osten suchen, um mit ihm zusammen die Mauren besiegen zu können.

15. August 1432 Offizielles Datum der Entdeckung von Santa Maria und São Miguel durch Gonçalo Velho Cabral oder Diogo de Silves.

Um 1450 werden wahrscheinlich die Zentralinseln entdeckt, um 1452 Flores und Corvo.

1493 Kolumbus ankert auf dem Rückweg seiner ersten Atlantikfahrt vor Santa Maria.

1494 Nach dem Vertrag von Tordesillas werden die neu entdeckten Gebiete zwischen Portugal und Spanien verteilt. Die Azoren werden direkt der portugiesischen Krone unterstellt.

1495–1521 Manuel I. führt Portugal ins »Goldene Zeitalter«. Die Azoren werden Stützpunkt der Entdecker.

1521–1557 Unter João III. verblasst Portugals Glanz. Die Azoren leiden zunehmend unter Piratenangriffen.

1522 Ein schweres Erdbeben zerstört Vila Franca do Campo.

Spanische Besatzung

1580–1640 Spanische Fremdherrschaft in Portugal, nachdem König Sebastião nach der Schlacht von

Alcácer-Quibir verschollen blieb und das Land ohne Thronfolger war.
1581 schlägt Terceira spanische Truppen in die Flucht, wird jedoch 1583 als letzte der Inseln von Spanien erobert.
1640 Festlandportugal wird wieder unabhängig. Zwei Jahre später verlieren die Spanier mit Terceira ihre letzte Bastion auf portugiesischem Boden.
1750–1777 Unter José I. geht nach dem schweren Erdbeben 1755 die Staatsführung an den Marquês de Pombal. Er wandelt 1766 die feudale Capitania (Lehensherrschaft) in eine von Lissabon gesteuerte *Capitania Geral* mit Regierungssitz in Angra um.
1771 Pombal stuft gegen den Willen der Azorianer den Archipel als Provinz und schließlich als Kolonie ein.

Erfolgreiche und bewegte Zeiten
Ab 1804 große Gewinne durch Orangenexport. Ferner werden Tabakfelder, Ananas- und Teeplantagen angelegt.
1826 stirbt König João VI.; Streit um die Thronfolge zwischen seinen Söhnen Pedro IV. und Miguel I.
1828–1834 Miguel I. regiert absolutistisch. Anhänger des liberalen Pedro IV. wandern auf die Azoren aus und setzen auf Terceira eine liberale Regierung ein. 1832 rekrutiert Pedro IV. ein Söldnerheer und stürzt Miguel. Seine Tochter wird 1834 Königin Maria II.
1833 werden die Azoren in zwei, 1836 in drei administrativ unabhängige Distrikte (Terceira, São Miguel, Faial) aufgeteilt.
1846 Erste Dampfer fahren regelmäßig zum Festland.
1893 Faial wird Knotenpunkt der Transatlantikkabel.
1895 Die Azoren erhalten die innere Selbstverwaltung.
5. Oktober 1910 Sturz der Monarchie, Ausrufung der Republik. 45 Regierungen bis 1926.
1916 Eintritt in den Ersten Weltkrieg auf Seiten der Alliierten.

Politische Eiszeit
1932–1974 Diktatorisches Regime (Estado Novo) von A. de Salazar.
1939–1945 Im Zweiten Weltkrieg ist Portugal neutral. Die Alliierten errichten Stützpunkte auf den Azoren.
1949 Portugal wird NATO-Mitglied.
1957/58 Vulkanausbruch vor Faial.
1966 Auf Flores wird eine französische Militärstation errichtet. Das Kabelzentrum in Horta schließt.

Demokratie
25. April 1974 Die Nelkenrevolution beendet die Diktatur, M. Caetano, Salazars Nachfolger, wird gestürzt.
1976 Die Azoren und Madeira erhalten die innenpolitische und administrative Autonomie.
1980 Schweres Erdbeben auf den Zentralinseln. Angra do Heroísmo wird völlig zerstört.
1983 Der Pottwalfang für industrielle Zwecke wird eingestellt.
1986 EG-Beitritt Portugals.
1998 Ein schweres Erdbeben erschüttert Faial.
2003 Auf Terceira Krisengipfel der Regierungschefs Bush, Blair und Aznar im Vorfeld des Irakkriegs.
2004 Die UNESCO stellt die typische Weinbaukultur von Pico als Welterbe unter besonderen Schutz.
2008 Mit der Eröffnung eines Hotel-Casinos und eines Spa-Hotels auf São Miguel sollen sich die Azoren zur Trendtourismus-Destination entwickeln.

Kultur gestern und heute

Abgeschieden von den künstlerischen Entwicklungen auf dem Festland, waren die Azoren lange Zeit auf Kulturimporte angewiesen. Zeitgenössische Strömungen wurden nur zaghaft und mit Verzögerung aufgenommen. Der vermeintliche Nachteil der Isolierung erwies sich aber auch als Vorteil, denn der Archipel brachte besonders in der Musik eigenständige und einzigartige Stilformen hervor.

Architektur

Immer – so scheint es – ordnet sich die Architektur dem Inselcharakter unter – selbst dort, wo gotische und barocke Stilelemente oder solche der Renaissance einmal auftrumpfen. Der Barock mit seinem Formenreichtum und den üppigen Verzierungen hatte den größten Einfluss. Oft beherrscht allerdings ein bunter Stilmix die öffentlichen Gebäude, da nach Erdbeben oder bei Umbauten die ursprüngliche architektonische Konzeption aufgegeben wurde.

Gotik und Manuelinik

Die Gefahr der Piratenüberfälle vor Augen, errichteten die ersten Siedler Wehrkirchen. Zur trutzigen Bauweise kontrastieren gotische Anleihen des Dekors. So streben die Portalbögen der Igreja de São Miguel in Vila Franca do Campo (São Miguel) wie auch die der Matriz (Hauptkirche) in São Sebastião (Terceira) spitz nach oben und weisen auf das fein gegliederte Rosettenfenster über ihnen.

Eine portugiesische Weiterentwicklung der Spätgotik, die Manuelinik, spiegelt die Zeit der großen Entdeckungen unter Manuel I. wider. Meerestiere, gedrehte Säulen, die an Schiffstaue erinnern, und exotische Pflanzenornamente versinnbildlichen die Bedeutung der Seefahrt und die Kontakte zu fernen Ländern. Verspielt umrahmen maritime Verzierungen das Hauptportal der Matriz in Ponta Delgada und einen Eingang der Pfarrkirche von Praia da Vitória (Terceira).

Renaissance und Barock

Leichtes Spiel hatte die Renaissance bei Angra do Heroísmo, da Anfang des 17. Jhs. ein Beben den Boden für die neue Stadt bereitete. Im Verlauf der folgenden zwei Jahrhunderte entstanden stattliche Barockbauten entlang der im Gitterraster angelegten Verkehrswege. Nicht umsonst wurde die Stadt von der UNESCO zum Weltkulturerbe erklärt.

Ab Ende des 17. Jhs. übernahmen die Inseln die Elemente des Barock und entwickelten sie zu einem eigenständigen Stil weiter, dem Azorenbarock. Typisch wurde eine streng symmetrische Bauweise, bei der sich Fenster- und Türumrandungen aus schwarzem, einheimischem Basalt hart von den weiß gekalkten Wänden absetzen. Steinmetzen formten das Vulkangestein in üppiger Formenvielfalt, die die Repräsentationsbauten überall auf dem Archipel auszeichnet.

Typische Dörfer

Heute noch sind Häuser aus der Zeit der ersten Besiedlung zu finden. Die Mauern aus grob behauenem Basalt trotzen seit Jahrhunderten den Stürmen. Wenige kleine Fenster und die einzige Tür lassen kaum Licht eindringen und geben dem Innenraum mehr den Charakter einer Höhle. Gotische Zier mildert die Strenge einiger Wohngebäude auf Santa Maria und São Mi-

Bunte Streifen umrahmen Türen und Fenster der Bauernhäuser

Die typisch portugiesische Fliesenkunst findet man auch auf den Azoren

guel. *Chavetas* nennt man z. B. die flachen Bögen über den Fenstern, die in einer kleinen Spitze auslaufen.

Wer die Algarve kennt, wird sie zumindest architektonisch in diesen Gebieten wieder finden. Die vielfach zweistöckigen, weißen Häuser erhalten ihre heitere Note durch rote Dächer und die weithin leuchtenden Farbleisten an Ecken und Mauerumrandungen: ein kräftiges Blau, Grün oder Rot – auf Santa Maria hat jedes Dorf seine eigene Farbe. Die ungewöhnlichen, paarweise angeordneten, kegelförmigen Schornsteine mit einer Art Regenschirm über dem Schlot werden auf Terceira *mãos postas* (gefaltete Hände) genannt, denn dort sind sie paarweise angeordnet.

Kirchen und Kapellen

Ein Dorf wäre auf den Azoren kein Dorf, würde aus seiner Mitte nicht eine Kirche aufragen, deren weiße Mauern zwischen den dunklen Basaltquadern sich schon von weitem von den grünen Feldern abheben. Besonders in den kleinen Gotteshäusern spiegelt sich auch die azorianische Freude an Farben wider, denn häufig sind die Decken lindgrün, hellblau oder altrosa gestrichen.

Gemeinsam ist vielen Kirchen die *talha dourada*. Das vergoldete Schnitzwerk aus Wacholder-, Palisander- und Jacarandaholz gibt mit barocken Putten, Vögeln, Weintrauben und Pflanzen so manchem Raum ungeahnte Pracht. Schmückendes Beiwerk sind *azulejos* (Fliesen), die Geschichten aus dem Leben Christi erzählen.

Auf den Zentralinseln bereichern die einzigartigen *Impérios* die ländliche Idylle um bunte Tupfer. Im 19. Jh.

Windmühlen

Wo der Wind ständig über Bergrücken fegt, ist ein idealer Standort für Windmühlen. Auf Graciosa gab es die meisten, und dort wurden sie zu einem Wahrzeichen. Seit knapp 200 Jahren drehen sich ihre Flügel, die sich entweder mitsamt der Kuppel oder mit der ganzen Mühle in den Wind stellen lassen.

von der Bevölkerung gebaut, stehen die schmucken kleinen Tempel im Mittelpunkt der Heiliggeistfeste. Ehrgeizig werden die Sinnbilder für den Zusammenhalt einer Dorfgemeinschaft jedes Jahr für das Fest der Feste neu gestrichen und geschmückt.

Das 19. Jahrhundert

Während die Glanzzeit Portugals um 1500 ihren Ausdruck in der Manuelinik fand, erblühten im 19. Jh. die Azoren mit der *Arquitectura da Laranja.* Der »Orangen-Architektur« gab der wirtschaftliche Erfolg Aufschwung. Die Bauherren der Bürgerhäuser und Landsitze verschrieben sich einem offenen Baustil mit großen Fenstern; Helligkeit sollte die Räume durchfluten. Beispiele gibt es genug: das (heutige) Hotel São Pedro in Ponta Delgada oder die Casa de José Henrique Franco in Angra.

Malerei und Skulptur

Fast ausschließlich religiöse Themen bestimmten über Jahrhunderte die Malerei. Zu ihren Meisterwerken zählen die Anfang des 16. Jhs. entstandenen fünf Szenen des Passionszyklus in der Matriz de Santa Cruz da Graciosa. Sie stammen vermutlich von Cristóvão de Figueiredo, der Hofmaler im Dienste Manuels I. war. In der für ihn charakteristischen Malweise sind die Figuren liebevoll und detailreich gestaltet.

Während der folgenden Jahrhunderte entwickelten sich Malerei und Holzbildhauerei *(talha)* unter dem zeitlich versetzten Einfluss europäischer Stilepochen weiter. Das Museu Carlos Machado in Ponta Delgada vermittelt einen umfassenden Eindruck von fünf Jahrhunderten azorianischer Kunst.

Bilder aus dem Alltag

Ende des 19. Jhs. erhielten die religiös inspirierten Kunstformen Konkurrenz. Vorbild für viele Nachwuchskünstler wurde **Duarte Machado Faria e Maia** (1867–1922). Der naturalistische Maler verstand es, die Landschaft der Inseln mit einfühlsamen Porträts zu verknüpfen. In seiner Tradition ist der Maler **Domingos Maria Xavier Rebelo** (1891–1971) zu sehen. Er zählt zu den wenigen azorianischen Künstlern, deren Werke landesweit Beachtung finden. Die Bilder zu volkstümlichen und religiösen Themen erfüllt die Atmosphäre seiner Heimat. Sein Gemälde »Os Emigrantes« (»Die Auswanderer«; im Museu Carlos Machado) zeigt die Gefühle der Menschen während der Verabschiedung und des Wartens auf die Abfahrt eines Schiffes: Ein Mann im groben Anzug blickt versunken auf die Stadt, eine Frau kann die Tränen nicht zurückhalten, eine Mutter drückt ihren Sohn, ein Kind beobachtet mit großen Augen die Szene.

Internationales Renommee genoss der Bildhauer **Ernesto do Canto de Faria e Maya** (er signierte mit Canto da Maya; 1890–1981), der fast ständig im Ausland lebte. Sein künstlerisches Hauptmotiv waren die einfachen Leute. Eine andere Stilform pflegt der Maler **José N. da Câmara Pereira** (geb. 1937 auf Santa Maria). Seine abstrakten Objekte wurden 1986 von der Gulbenkian-Stiftung (Lissabon) prämiert. Dem Gegenstandslosen hat sich auch der 1959 auf São Miguel geborene **Urbano** verschrieben, der die Auflösung von Form und Farbflächen liebt.

Musik

Die Volksmusik entwickelte auf jeder Azoreninsel eine eigene Dynamik, und durch die Abgeschiedenheit des Archipels sind Melodien und Texte über Jahrhunderte hinweg in ihrer frühen Form lebendig geblieben. Dafür sorgen zahlreiche Folkloregruppen, Chöre und Kapellen – rund 200 Gruppen sind es zur Zeit. Der getanzte und gesungene *samacaio* auf Terceira mündet vielfach in einen Sängerkrieg. Begleitet von Gitarren, Trommeln und Triangeln, sind die ironischen Texte nicht frei von Sozialkritik. Der Einfluss der *cantigas de escárnio e maldizer*

Feste & Veranstaltungen

Jede Insel, jedes Dorf verehrt eigene Schutzheilige, die gefeiert werden wollen. Dazu kommen die **Festas do Espírito Santo,** Musikereignisse sowie Handwerksausstellungen. Zwischen Ostern und August ist es auf einer einzigen Insel möglich, jedes Wochenende ein Fest zu besuchen. Da die Termine sich jährlich verschieben, sollten sie im Turismo erfragt werden.

- **April:** Ein Blumenteppich überzieht in Furnas (São Miguel) beim **Fest Senhor dos Enfermos** die Straßen. Für Musikbegeisterte, Bücherwürmer und Kunstinteressierte: **Semana Cultural in Velas** (São Jorge).
- **Mai:** In Ponta Delgada (São Miguel) wird **O Senhor Santo Cristo** gefeiert. Zum größten Fest (6 Tage) des Archipels mit Prozessionen und Veranstaltungen (s. S. 39) reisen Azorianer aus aller Welt an. Die Einwohner von Vila Franca do Campo (São Miguel) ziehen in mittelalterlichen Gewändern in einer Prozession durch die Stadt.
- **Juni: Sanjoaninas,** Johannisfest auf Terceira rund um den 24.Juni, jährlich wechselnd in Angra oder in Praia da Vitória, mit Kulturprogramm und Trachtenumzügen. Umzüge mit geschmückten Pferden bei den **Cavalhadas de São Pedro** in Ribeira Seca (São Miguel).
- **Juli:** Kunst und Kultur beim **Festival do Julho** in Calheta (São Jorge). **Riesenpicknick** zu Ehren von São João in Horta (Faial).
- **August:** Faial veranstaltet die **Semana do Mar.** Eine Woche Kunsthandwerk, Musik und Gaumenfreuden zu Land; zu Wasser Spiele und eine Segelregatta zwischen Horta und Pico. Corvo feiert das **Festival dos Moinhos.** Motorengegröle und Staub bei der **Rallye de Santa Maria.** Direkt am Meer findet in Santa Maria das **Festival Maré de Agosto** statt (internat. Musikfest). Seit 1883 feiern die Walfänger von Pico die **Festa dos Baleeiros** in Lajes.
- **September:** Die bunte und laute **Kirchweih** in Fajã do Santo Cristo (São Jorge) ist auf den Azoren einmalig.
- **Dezember: Weihnachten** und **Silvester** werden im Familienkreis gefeiert.

(Schimpf-, Spottlieder) der galicisch-portugiesischen Troubadourlyrik (13. bis 16. Jh.) wirkt dabei bis heute nach.

Mitreißende Melodien

Die *chamarrita* ist eine musikalische Kunstform, die auf dem Archipel ihren Ursprung hat und ebenso auf Madeira zu finden ist. Sie ist dem Fandango, einem spanischen Volkstanz mit Kastagnetten- und Gitarrenbegleitung, ähnlich und verarbeitet darüber hinaus Walzerelemente. Besonders auf Pico wird die *chamarrita* gepflegt. Die Melodien sind einfach strukturiert, doch der Rhythmus hat etwas Mitreißendes, wenn er vom moderaten Dreiviertel- zum schnellen Sechsachteltakt wechselt.

Eine auf allen Inseln bekannte Tanz- und Liedform ist die *sapateia*. Zur Melodie im Dreivierteltakt berichten die Texte aus dem Alltag der Azorianer, schildern kleine Erlebnisse oder beschreiben einfach nur die Farbe der Feigenbäume. »Reiherschritt«, »Basilienkraut« oder »Stecknadel« sind nur einige der vielen Dutzend ungewöhnlichen traditionellen Bezeichnungen für die Lieder und Tänze.

Literatur

In seinen »Saudades da Terra« (Sehnsüchte des Landes) ließ Pater Gaspar Frutuoso (1522–1591) die Zeit der Besiedlung aufleben. Er schildert die Widrigkeiten, unter denen die Menschen zu leben und zu arbeiten hatten: »Es heißt, dass ein gewisser João Soares mit seinen eigenen Händen ein Boot gebaut und abgedichtet hatte, ohne dass er das Handwerk verstand, und dass er, seine Frau und seine Kinder damit nach Lajes fuhren, um die Messe zu hören. (...) Und manchmal ging er auch damit fischen.«

Erst Jahrzehnte später wurde Antero de Quental (1842–1891; s. S. 40), weit über die Grenzen des Archipels und Portugals hinaus bekannt. Seine Lyrik ist Ausdruck seiner Suche nach der eigenen Identität und Gott.

Milieustudien

Mit humorvollem Augenzwinkern zeichnete der auf Terceira geborene Vitorino Nemésio (1901–1978) in seinen rund 25 Novellen und zwei Romanen ein Bild der Lebensverhältnisse, Gebräuche, Religion und des Aberglaubens seiner Heimat. In vorderster Linie der portugiesischen Romanliteratur des 20. Jhs. steht »Mau Tempo no Canal« – »Schlechtes Wetter auf dem Kanal«, gemeint ist der zwischen Faial und Pico. Die Themen Liebe, Ehe, Geschäftsinteressen und Enttäuschungen bilden den Rahmen der Handlung.

Auch der 1717 auf Pico geborene Dias de Melo setzt sich in seinen Romanen und Erzählungen mit der Inselgesellschaft auseinander. Herausragende Beispiele seines Werkes sind »Mar Rubro« (Blutrotes Meer) und »Pedras Negras« (Schwarze Steine), in denen er feingliedrige Bildnisse des Archipels zeichnet.

Leider liegen keine deutschsprachigen Übersetzungen azorianischer Autoren vor. Einige Werke, z. B. die Erzählungen von Dias de Melo (s. o.), sind ins Englische übertragen worden.

Kunsthandwerk

Die Natur als Quelle

Auf dem Feld wächst der Grundstoff für flaschengroße Puppen. Getrocknete Maiskolbenblätter werden geschickt zu Figuren gerollt und zusammengesteckt, die meist in den traditionellen Umhang *capote-e-capelo* gekleidete Frauen darstellen.

Einige Kunsthandwerker bedienen sich der grätigen Meeresbewohner. Mit viel Fingerspitzengefühl entstehen aus mit Farbe präparierten Fischschuppen filigrane Blüten und Blumengestecke. Ganz ähnlich wirken die zarten Miniaturen aus Hortensien- und Feigenbaummark (zu sehen im Museu da Horta, s. S. 54).

Mehr als Dekoration

Bekannt für das Töpferhandwerk ist São Miguel. Während in Vila Franca do Campo derbe Gebrauchskeramik wie in alten Zeiten entsteht, bestechen Skulpturen und Geschirr aus Lagoa (s. S. 57) durch eine weiße Glasur, die figürliche blaue Ornamente in kräftigem Pinselstrich zieren.

Dem Haushaltsbedarf gehobenen Niveaus waren früher die wollenen *colchas de ponto alto* zuzuordnen. Die Wandteppiche und Tagesdecken werden noch vereinzelt von Kunsthandwerkern auf Holzwebstühlen gefertigt.

Terceira ist berühmt für Stickereien, die den bekannteren von Madeira kaum nachstehen. Die zarten, nostalgisch wirkenden Arbeiten werden vor allem in Angra angeboten (s. S. 47), wo auch die altmodischen Stickereifirmen ihren Sitz haben. Sie lassen noch in Heimarbeit sticken.

Scrimshaw

An die blutige Zeit des Walfangs erinnert diese Form des Kunsthandwerks. Amerikanische Walfänger brachten im 18. und 19. Jh. die Technik nach Faial und Pico. Die Matrosen vertrieben sich damit die Zeit des Wartens auf die Wale. Mit scharfen Eisengriffeln kratzten sie haarfeine Rillen in polierte Zähne des Pottwals. Danach wurden diese mit Tinte eingerieben. So tauchten auf elfenbeinfarbenem Grund die Bilder getakelter Segelschiffe, schöner Frauen und wilden Meeresgetiers auf.

São Miguel: Keramikherstellung

Außergewöhnliche Beispiele sind im Scrimshaw Museum in Horta (s. S. 53) sowie im Museu dos Baleeiros auf Pico (s. S. 90) zu bewundern.

Die Beendigung des kommerziellen Walfangs auf den Azoren 1983 ließ den Rohstoff rar werden. So wurden 1987 nochmals drei Pottwale erlegt, nur um die lukrative Souvenirproduktion aufrecht zu erhalten. 2004 sollen auf mysteriöse Weise die Zähne eines gestrandeten und verendeten Pottwals verschwunden sein.

Tierschützer raten, grundsätzlich keine Souvenirs aus Pottwalzähnen oder -knochen zu kaufen. Die Einfuhr in EU-Länder ist übrigens verboten! Eine Ausnahme stellen lediglich Scrimshaws dar, die nachweislich vor 1947 hergestellt wurden und damit als Antiquitäten gelten.

Alternativen zu den Walzahnprodukten sind die auf Pico und Faial angebotenen Holzmodelle von Booten der Walfänger komplett mit Rudern, Segeln und Harpunen. Mit dem Walfang verbundenes, unbedenkliches Kunsthandwerk gibt es außerdem aus Stein sowie aus bestimmten Palmenfrüchten (»pflanzliches Elfenbein«, s. S. 7).

Essen und Trinken

Eine ländlich einfache Küche portugiesischer Tradition kennzeichnet die Azoren. Auf den Tischen wetteifert die Fraktion der Suppen, Eintöpfe, Süßspeisen, des Schweine- und Rindfleisches mit Meeresgetier um die Gunst der Hungrigen.

Zum Auftakt

Käse, Brot und Butter gibt es häufig als *entrada* (Vorspeise). *Queijo fresco* (auch *queijo branco;* Frischkäse) wird mit Pfeffer und Salz oder mit *piripiri,* scharfem rotem Pfefferöl, zum Hochgenuss. Nachwürzen ist beim festen *Queijo São Jorge* nicht notwendig. Milder ist der *Queijo da Ilha,* der mit Edamer und Gouda verwandt ist (s. S. 10).

Fisch und Meeresfrüchte

Überall lockt ein Stück Atlantik. Nur wo anfangen? Beim gegrillten Wrackbarsch, dessen Kopffleisch an Spanferkel erinnert? Bei der frittierten und im Biss ungewöhnlichen Muräne, die auch als Appetithäppchen in pikanter Panade serviert wird? Oder lieber beim gedünsteten Gabeldorsch mit seinem knackigen weißen Fleisch? Selbst Festlandsportugiesen müssen oft ins Blaue hinein bestellen. Dazu bietet sich zweimal am Tag die Gelegenheit: zum *almoço* von 12 bis 14 Uhr und beim abendlichen *jantar* (ab 19.30 Uhr). Viele Zungen schnalzen bei geräuchertem Schwertfisch *(espardarte fumado)* als Vorspeise. Mit Limonensaft beträufelt, werden die hauchdünnen Scheiben zum Erlebnis.

Da die Bestände der Napfschnecke *(lapa)* gefährdet sind, sollte man auf

Muränen werden paniert und frittiert

ihren Genuss verzichten. Liegen Hummer, Languste, Seespinne oder Taschenkrebs auf dem Teller, steht im Restaurant *(marisqueira)* sofort ein hilfreicher Azorianer zur Seite und zaubert das Fleisch aus der Chitinverpackung. Einfacher lassen sich Krake und Tintenfisch essen, die auch in Wein geschmort *(guisado)* werden.

Nicht wegzudenken aus der portugiesischen Küche ist der *bacalhau,* gesalzener, luftgetrockneter Kabeljau. Für ihn gibt es mehr Zubereitungsarten, als das Jahr Tage hat. Eine Frau, die nicht alle beherrscht, sollte nicht geheiratet werden – sagt man(n).

Würste und Fleisch

Brutzelndes, deftiges Tiefschwarz und daneben erfrischendes, fruchtiges Gelb – auf den ersten Blick kann der Gegensatz kaum größer sein, wenn *morcela com ananás* serviert wird. Auf wunderbare Weise verbinden sich Blutwurst und frische Ananas zu einer aromatischen Einheit. Auch Schweinegrieben mit Maisbrot, *torresmos com broa,* oder *linguiça com inhames* (Schweinswurst mit Tarowurzel) sollte man nicht verpassen.

Im Vergleich dazu sind die Zutaten bei der Fleischzubereitung geradezu verschwenderisch: Knoblauch, Lorbeer, *malagueta* (afrikan. Pfeffer) und Olivenöl. Auch die aus Terceira bekannte *alcatra,* in einer Kasserole geschmortes Rindfleisch, macht da keine Ausnahme.

Atlantische Vielfalt

abrótea	Gabeldorsch
besugo	Meerbrasse
boca negra	Blaumaul
camarão	Krabbe
cherne	Wrackbarsch
choco	kleiner Krake
congro	Meeraal
dourada	Goldbrasse
espardarte	Schwertfisch
gamba	Garnele
garoupa	Zackenbarsch
goraz	Rotbrasse
imperador	Kaiserbarsch
lagosta	Languste
lapa	Napfschnecke
lavagante	Hummer
linguado	Seezunge
lula	Tintenfisch
moreia	Muräne
pargo	Sackbrasse
peixe-espada	Degenfisch
pescada	Seehecht
polvo	Krake
rabilo	Roter Tunfisch
raia	Rochen
rainha	Meerpfau
sapateira	Taschenkrebs
sargo	Ringelbrasse
serra	Sägefisch
tamboril	Seeteufel
tubarão	Hai
voador	Langflossentunfisch

Suppen

Die Einlagen geben den sämigen Suppen, die meist auf Kartoffeln basieren, ihren Pfiff und Namen: *agrião* (Brunnenkresse), *legumes* (Hülsenfrüchte) oder *hortaliça* (Gemüse). Köstlichkeiten sind *creme de mariscos* (Meeresfrüchtecreme), *sopa de peixe* (Fischsuppe) und – dieser ähnlich, aber ein sättigender Eintopf – die *caldeirada de peixe*. »Suppenkönigin« ist die *sopa do Espírito Santo* (Heiliggeistsuppe), für die Brot, Kohlblätter und die Bratensoße der *alcatra,* dazu Minze, Nelken, Lorbeer und spanischer Pfeffer in den Topf kommen. Sie gibt es nur zum Heiliggeistfest (s. S. 17).

Nachspeisen

Süßigkeiten, die fast nur aus Zucker, Butter, Eiern und Zimt bestehen, füllen die Auslagen der Konditoreien. Auf Terceira soll es 200 verschiedene Süßspeisen geben. Die bekanntesten kleinen Kuchen sind die *queijadas* aus Graciosa und Vila Franca (s. S. 11).

Wein

Hochwertige Rot- und Weißweine kommen von Graciosa (*Terra do Conde*). Auf Pico gefallen der rote *Basalto* und der weiße *Terras de Lava* durch ihre Leichtigkeit. Hier und da wird auf Pico und Terceira noch ein schwerer Süßwein aus der *Verdelho*-Rebe gewonnen. Der verbreitete, fruchtige *Vinho de cheiro* stammt von der Amerikanerrebe *Isabel,* von Kennern als minderwertig eingestuft. Hochprozentiges wird auf Pico destilliert: *aguardente* (Klarer) und *bagaço* (Tresterschnaps); von Graciosa stammt der *aguardente velha* (»Alter Schnaps«).

Urlaub aktiv

Wandern

Individuell erwandern lassen sich die Inseln auf Forstpisten, Viehauftriebswegen *(canadas)* und Fußpfaden. Bei der Planung helfen Wanderführer und -karten (im deutschen Buchhandel).

Reiten

Auf São Miguel gibt es zu Landhotels umgebaute Gutshöfe, die Pferde für ihre Gäste bereithalten:
- **Quinta da Terça,** Ponta Delgada (Livramento), Rua Padre Domingos, Tel. 296 642 134, www.quintadaterca.com
- **Casa do Monte,** Santo António, Estrada Regional 2, Tel. 296 298 144.

Wer nicht dort wohnt, wendet sich an:
- **Bonifacio Horse Riding,** Fenais da Luz, Rua E. A. Oliveira, Tel. 917 287 468
- **Associação Equestre Micaelense,** Rabo de Peixe, Santana, Tel. 296 492 177

Reitställe auf Terceira bei Angra:
- **Centro Equestre Terceirense,** Quinta do Malinha, Tel. 295 217 543
- **Centro Equestre O Ilheu,** Ladeira Grande Ribeirinha, Tel. 295 662 125

Radfahren

Vermietung von Mountainbikes:
- **Agência Cruserve,** Rua do Cruzeiro 10, Angra (Terceira), Tel. 295 215 242
- **BOCA (Espaço Talassa;** s. S. 7), in Lajes do Pico
- **Peter Café Sport,** Horta (Faial; s. S. 6 und 52). Abenteuer für alle, die Steigungen nicht scheuen: Im Bus gehts zur Caldeira hinauf, per Bike wieder hinunter.

Aufstieg zur Lagoa do Fogo, São Miguel

Golf

Auf São Miguel betreibt **Oceanico Golf** (Fenais da Luz, Tel. 296 498 559, www.oceanicogolf.com) zwei Golfplätze: den 27-Loch-Kurs **Azalea,** 8 km nördl. Ponta Delgada und den 18-Loch-Platz **Cedars** bei Furnas.

In schöne Landschaft eingebettet sind auch die 18 Löcher auf Terceira: **Clube de Golfe Ilha Terceira** (Fajãs da Agualva, Tel. 295 902 444, www.terceiragolf.com). Runde ca. 50 €.

Segeln

In Horta kann man Jachten mit Skipper tage- oder wochenweise chartern:
- **Peter Café Sport** (s. S. 6 u. 52)
- **Sailing Azores** (Miguel Toscano), Tel. 934 108 720, http://sailingazores.planetaclix.pt

Mitsegelgelegenheit auf seinem 16-Meter-Katamaran **Simile,** ganz- oder halbtags, bietet der auf Faial lebende Deutsche Robin Kersten ab Horta (Tel. 966 909 529, www.simile-sailing.com).

Herausforderung auf zwei Rädern

Auf Flores bietet **Argonauta** Bootstouren mit Fischern, Kajakverleih, geführte Wanderungen, Jeeptouren und Camping (Rua Senador André de Freitas, Fajã Grande, Lajes das Flores, Tel. 292 552 219, www.argonauta-flores.com).

Tauchen

Erfahrene Lehrer begleiten Tauchgänge in erloschene Vulkankrater, Höhlen und entlang faszinierender Steilwände; auch Nacht- und Wracktauchen.

- **Espirito Azul,** São Miguel, Vila Franca do Campo, Tel. 914 898 253, www.espiritoazul.com
- **Atlantic Aqua Sports** (John & Jane Cockshott), São Miguel, Caloura, Tel. 296 913 739, www.diving-azores.com
- **Wahoo Diving** (R. Minderlein), Sta. Maria, Baía de São Lourenço, Tel. 296 884 005, www.wahoo-diving.de
- **Norberto Diver,** Faial, Horta, Tel. 292 293 891, www.norbertodiver.com
- **Eco Triângulo** (Elfi Goerke und Christian Imlau), São Jorge, Velas, Tel./Fax 295 414 055, www.ecotriangulo.com

Unterkunft

Vom Stadthotel bis zur Pension – die ca. 8000 Betten des Archipels bedienen jeden Geschmack und Geldbeutel.

Hotels und Pensionen

Meist im Grünen gelegen, bieten die **Estalagens,** Gästehäuser, die etwas kleiner als Hotels sind, ein stilvolles Ambiente.

Die **Hotels** der Ein- bis Viersternekategorie in den Inselhauptstädten entsprechen mitteleuropäischen Häusern der Mittelklasse. In den oberen Klassen können Komfort, Atmosphäre und Service unterschiedlich ausfallen.

Die mit bis zu vier Sternen klassifizierten **Pensionen** *(pensões)* sind in der Regel auf einheimische Gäste zugeschnitten. Ihre Ausstattung reicht von spartanisch bis einfach. Der Vorteil: Im Aufenthaltsraum mit dem obligatorischen Fernseher lassen sich leicht Kontakte knüpfen. Komfortabler wird in einem **Residencial** übernachtet. Das Frühstück ist in der Regel jeweils inbegriffen.

Turismo Rural

Das recht beachtliche Angebot an ländlichen Unterkünften ist in fünf Kategorien gegliedert. Am häufigsten ist die Kategorie TR (Turismo Rural), wobei es sich um renovierte Bauernhäuser handelt. Da nicht allzu viele Zimmer zur Verfügung stehen, empfiehlt sich frühzeitige Buchung. Herrschaftliche Quintas (TH = Turismo de Habitação) liegen inmitten riesiger Anbauflächen und sind meist luxuriös ausgestattet. Hilfreich bei der Planung ist die Broschüre »Guia Expresso do Turismo de Habitação Açores«, die von AICEP Portugal (S. 101) verschickt wird (Online-Buchungen: www.casasacorianas.com).

Alternativunterkünfte

Die Anzahl der **Apartmentanlagen** wächst. Schlaf-, Wohnzimmer und Kochnische sind in den *Apartamentos Turísticos* Standard, Restaurant und Bar innerhalb der Anlage ebenfalls.

Taxifahrer oder Kneipenwirte kennen vielfach die Adressen und Preise der einfachen **Privatzimmer,** der *quartos privados.*

Eine Alternative stellen **Ferienhäuser** in ländlichen Gebieten dar; Vermittlung z. B. auf São Miguel – bei Mosteiros (Tel./Fax 296 917 132) oder Ginetes (Tel./Fax 296 295 348) –, auf Pico (Tel. 292 622 499) und auf Terceira (Tel. 295 214 210).

Auf São Miguel und Terceira liegen die einzigen zwei **Jugendherbergen** (www.pousadasjuventude.pt):

- 9760-554 **Angra do Heroísmo:** Porto Negrito (westlich der Stadt), Tel./Fax 295 642 095. Meerblick.
- 9500-243 **Ponta Delgada:** Rua São Francisco Xavier, Tel. 296 629 431, Fax 296 629 672. Altes Herrenhaus.

Camping

Wind und Wetter hautnah bekommt man auf einem **Parque de Campismo** zu spüren. Eine Reihe gut ausgestatteter und schön gelegener Campingplätze wartet auf die Naturliebhaber.

Bei AICEP (s. S 101) sowie bei den Postos de Turismo vor Ort ist ein Verzeichnis der Plätze, »Roteiro campista«, erhältlich.

Reisewege und Verkehrsmittel

Anreise

Deutsche Ferienflieger bedienen die Azoren nicht. **SATA Internacional** (www.www.flysata.de) fliegt je einmal pro Woche von Frankfurt/M., München und Zürich nach Ponta Delgada (São Miguel; Flugzeit 4,5 Std.). Ansonsten geht es stets über Lissabon. Von dort fliegt man mehrmals täglich mit **TAP Air Portugal** (www.flytap.com) oder SATA in ca. 2 Std. auf die Azoren. Angeflogen werden Ponta Delgada, Lajes (Terceira) und Horta (Faial).

Linienflüge nach Lissabon mit TAP oder Lufthansa gehen täglich ab Frankfurt/M., München, Düsseldorf, Stuttgart und Berlin, von Österreich mit Austrian Airlines und TAP ab Wien. In der Schweiz fliegen Swiss und TAP ab Genf und Zürich.

Flüge zu den Azoren kosten hin und zurück ab ca. 440 €, Sonderangebote bei SATA ab 320 € (Stand: Herbst 2007).

Inselhüpfen

Zwischen allen Inseln verkehren die 64-sitzigen Turbopropellermaschinen der Fluggesellschaft **SATA Air Açores.** Gebuchte Flüge sollte man stets bestätigen. Abflüge können sich wetterbedingt gelegentlich verzögern. Pufferzeiten muss man – gerade wenn es um den Urlaubsrückflug geht – einplanen. Preisbeispiele: Ponta Delgada–Horta 87 €, Ponta Delgada–Terceira 87 € (Herbst 2007; jeweils einfache Strecke). Inhaber des mit SATA-Flügen von und nach den Azoren kombinierten **Azores Air Pass** erhalten auf inter-

insulare Flüge 20 % Rabatt (aktuelle Infos: www.sata.pt).

Schiffsverbindungen

Zwischen Horta (Faial) und Madalena (Pico) pendeln Fähren von **Transmaçor** im Sommer 6-mal tgl., im Winter 4-mal tgl.; Mitte Juni–Mitte Sept. wird 2-mal tgl. die Strecke Horta – Madalena – Cais do Pico – Velas (São Jorge) befahren, in der Vor-/Nachsaison 3-mal wöchentlich; außerdem Mitte Juni bis Mitte Sept. 4-mal wöchentlich Horta – Madalena – Cais do Pico – Velas – Calheta (beide São Jorge) – Angra (Terceira). **Preisbeispiele** (pro Strecke): Horta – Madalena 3,30 bis 4 €, Horta – Velas 12,80 bis 16,20 €.

In den Sommermonaten (Juni bis September) pendeln die beiden Autofähren »Ilha Azul« und »Santorini« der **Atlântico Line** zwischen allen Inseln des Archipels (mit Ausnahme von Corvo). Sie bedienen nach einem komplizierten Fahrplan (abrufbar über Internet, s.u.) 1- bis 2-mal wöchentlich Ponta Delgada (São Miguel), Vila do Porto (Santa Maria), Horta (Faial), São Roque (Pico), Velas (São Jorge), Praia da Vitória (Terceira), Praia (Graciosa) und Lajes (Flores). **Preisbeispiele** (jeweils hin und zurück): Ponta Delgada – Vila do Porto 53 €, Ponta Delgada – Praia da Vitória 92 €.

i Aktuelle **Fahrpläne** online: www.transmacor.pt, www.atlanticoline.pt.

Nach Corvo bieten von Juli bis September mehrere Anbieter Tagesausflüge ab Santa Cruz (Flores) an. Regelmäßige Schiffsverbindungen gibt es nicht (vgl. auch S. 99).

Auf den Inseln unterwegs

Am beweglichsten ist man mit **Mietwagen** oder Taxi. »Rent-a-Car« bieten viele kleine Firmen an. Meist fährt man mit Tagespauschalen am besten.

Taxis sind meist beige mit blauschwarzem Streifen am hinteren Wagenteil. Berechnet wird ein Mindestpreis von ca. 3 € und dann pro km. Inseltouren halbtags ca. 60 €, ganztags ca. 110–120 €.

Empfehlenswert für Wanderer sind die pünktlichen und preiswerten **Inselbusse** *(autocarros)*. Von Haltestelle *(paragem)* zu Haltestelle dauert die Fahrt um einiges länger als im Auto. Auf den Küstenstraßen verkehren meist nur wenige Busse am Tag.

Karte Seite 36

*Ponta Delgada

Adretter Charme

Die Hauptstadt von São Miguel macht es dem Fremden leicht, denn sie gibt ihr Innerstes in kurzer Zeit preis: Das schmucke Zentrum mit seinen Arkaden rund um das alte Stadttor oder die Marina kokettiert in frischem Glanz mit der Vergangenheit und lässt das Leben des ehemaligen Fischerdorfes nur noch erahnen. Strahlend weißer Kalk konkurriert an den Gebäuden mit schwarzem Lavagestein, das Fenster und Türen rahmt. Auf den Plätzen und in den Parks tupfen im Sommer die Platanen helles Grün ins Bild. In den Seitengassen dösen idyllische Ecken vor sich hin. Doch langsam wachen sie auf. Es wird geputzt und gewerkelt. Schließlich sollen die Besucher durch eine schicke Stadt schlendern.

»Ponta Delgada – nicht am Ende der Welt, sondern nahe der Welt«, war im *Açoriano Oriental*, der 1835 gegründeten und damit ältesten Zeitung Portugals, einmal zu lesen. Dies gilt heute vielleicht mehr denn je. Doch die charmante Stadt (65 000 Einw.) strahlt immer noch Ruhe und Gelassenheit aus. Ponta Delgada überzeugt nicht mit großen Gesten, sondern mit liebenswerten Details. Allein der Formenreichtum der schönen Balkongeländer – mal streng geometrisch, mal fantasievoll orientalisch – lohnt einen Stadtrundgang.

Geschichte

Um 1440 gingen die ersten Pioniere aus Südportugal in São Miguel an Land. Gonçalo Velho Cabral erhielt die erste Lehensherrschaft. Durch seine Bedeutung für den Export von Weizen und Färberpflanzen erlangte Ponta Delgada 1546 den Titel der Inselhauptstadt *(cidade)*. Die Festung São Bras wurde erbaut, die Stadtteile São Sebastião und São Pedro entstanden.

Auch die spanische Herrschaft ab 1580 konnte den Bauboom in Ponta Delgada nicht stoppen. Dennoch brach eine Hungersnot aus, da die Weizenernte für den Export bestimmt war. Viele wanderten nach Brasilien aus und sorgten im 17. und 18. Jh. für intensive Handelsbeziehungen.

In der Orangenepoche im 19. Jh. (s. S. 21) wurde die Südfrucht zum Wirtschaftsfaktor Nummer eins. Mitte des 19. Jhs. hielt die Technik Einzug: 1839 leuchteten die ersten Straßenlaternen, später fanden mehrere Industrieausstellungen statt. Über die einträgliche Alkoholproduktion aus Süßkartoffeln kam es zum Konflikt mit Lissabon, denn sie sollte verboten werden. Der Streit mit der schwachen Regierung wurde zum Auslöser für die Forderung der Autonomie. 1895 erhielt Ponta Delgada den Vorsitz eines der drei autonomen Distrikte.

Unbeschadet überstand Ponta Delgada die beiden Weltkriege. Gänzlich isoliert während der Salazar-Diktatur (1932–1974), musste sich die Universitätsstadt nach der Nelkenrevolution und der azorianischen Autonomie der Modernisierung und Globalisierung ins Auge sehen.

Nach dem EU-Beitritt Portugals 1986 erklärte sich Ponta Delgada kurzerhand selbst zur Hauptstadt der Azoren, und die Gelder aus Brüssel machten aus dem historischen Zentrum einen touristischen Blickfang.

Das Renaissance-Rathaus in der Altstadt von Ponta Delgada

45 anos

Karte Seite 37

Zu Beginn des neuen Jahrtausends herrscht rege Bautätigkeit. Ponta Delgada entwickelt sich mehr und mehr zur Metropole. Moderne Hotels, große Supermärkte und glitzernde Einkaufspassagen setzen neue Akzente.

Östlich des Zentrums

Wer das Pech hatte, beim Anflug keinen flüchtigen Eindruck der Stadt zu erhaschen, dem hilft jetzt die **Igreja Mãe de Deus ❶** (Kirche der Muttergottes; Foto S. 41) weiter. Des Panoramas wegen lohnt es sich, zunächst auf den wehrhaft befestigten Hügel zu steigen und dort den rund dreistündigen Stadtrundgang zu beginnen.

Die herrliche Sicht über das Zentrum, den Industriehafen, die Marina und auf das Hinterland ist bemerkenswert, aber sie kümmert die auf dem Kirchplatz spielenden Kinder kaum. Springt der Ball über die niedrige Brüstung, so jagen sie ihm durch die Ladeira Mãe de Deus nach. Theoretisch könnte er bis zur **Igreja São Pedro ❷** kullern, die genau am Fuß des Hügels liegt. 1630 zerstörte ein Erdbeben die alte Kirche. Doch schon 15 Jahre später konnte der neue Bau eingeweiht werden.

Nur einen Katzensprung ist es von hier zur **Marina.** Freilich kann sie nicht mit Horta (s. S. 53) konkurrieren, denn ebenso wie das daneben liegende Schwimmbad ist sie zu nüchtern. Den fehlenden Charme gleichen aber die Bootskapitäne aus. Bereitwillig beantworten sie die Fragen der interessierten Landratten.

Ein paar Schritte von São Pedro entfernt kommt auf dem **Largo Luís de Camões ❸** die Literatur zu ihrem Recht. Vor der Kunstakademie steht eine Büste von Luís de Camões (um 1524–1580). Seine »Lusíadas« (1572) machten ihn zum Nationaldichter. Geschickt verband er in dem Epos die Entdeckungsreisen der Lusiaden (Portugiesen), der Nachfahren des Odysseus-Gefährten Lusus, mit der antiken Mythologie.

Am Largo da República

Den Weg durch die **Rua da Misericórdia** ins Zentrum begleiten wunderschöne Pflasterornamente. Weiße und schwarze Steine setzen sich spielerisch auf den Bürgersteigen zu Rauten, Wellen, Quadraten oder Kreisen zusammen.

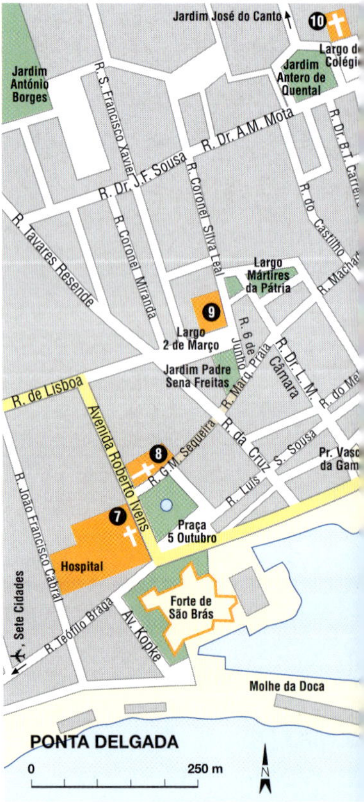

Karte Seite 37

Wenn die Fußwege plötzlich breiter werden, tritt die Architektur in den Vordergrund. Doch zunächst zeigt die **Igreja Matriz de São Sebastião ❹** ein Sammelsurium von An- und Aufbauten aus dem 18. Jh. rund um das Kirchenschiff. Manuelinisch-verspielt gibt sich das Hauptportal der 1531 erbauten Kirche, die als Dank dem Schutzpatron der Stadt nach einer Pestepidemie geweiht wurde. Die Bauarbeiten wurden seinerzeit von König João III. finanziell unterstützt. Dafür ließ er sich gemeinsam mit seiner Frau Catarina auf zwei marmornen Medaillons über dem Südportal verewigen. Das Innere der Pfarrrkirche ist mit kostbaren Holzschnitzereien aus dem 17./18. Jh. ausgestattet, die Sakristei mit Palisanderholzmöbeln aus der gleichen Zeit und liturgischem Gerät aus dem 14. Jh.

Ein wenig weiter deutet der Name des Largo da República den Wechsel vom religiösen zum weltlichen Kräftefeld an. Seit Ende des 16. Jhs. meldet sich hier das **Rathaus ❺**, ein typisch azorianischer Renaissancebau mit Außentreppe, gewichtig zu Wort. Immerhin besitzt Ponta Delgada seit 1546 das Stadtrecht und lief dadurch Vila Franca do Campo den Rang der Inselhauptstadt ab. Das Rathaus erfuhr in der Barockzeit wesentliche Umbau-

Karte Seite 37

Ein Denkmal am Hafen ehrt den Seefahrer Gonçalo Velho Cabral

ten, damals kam der wuchtige Turm hinzu. Vor dem Gebäude erhebt sich eine Statue des Erzengels Michael, des Schutzheiligen der Insel.

Nüchtern, fast kahl präsentiert sich gleich daneben der arkadenumsäumte **Largo de Gonçalo Velho Cabral ❻**. Das Denkmal des vermutlichen Entdeckers von Santa Maria wirkt beinahe verloren, ebenso wie das repräsentative Stadttor von 1793. Heute gestatten die drei Torbögen den freien Blick auf das Meer.

Schräg gegenüber der Tankstelle, an der Ecke Rua Dr. L. M. Câmara/Rua do Melo, wartet Filipe. Seine preiswerte **Casa de Pasto Tavares** ist nur durch die ausgehängte Speisekarte an der Eingangstür zu erkennen. Drinnen ist es rappelvoll, azorianisches Stimmengewirr erfüllt den schmalen Raum. Rua do Melo 78, Tel. 296 287 078; So Ruhetag ❍.

Praça 5 de Outubro

Ein im Jahre 1870 gepflanzter *Metrosídero* (Eisenholzbaum) mit weit ausladenden Ästen stellt an der Praça 5 de Outubro nicht nur die Platanen, sondern ebenso die Bänke und schwatzenden alten Männer in den Schatten.

Auf der Westseite des Platzes schafft die 1709 als Klosterkirche der Franziskaner erbaute **Igreja São José ❼** durch ihre streng geometrische, aber dennoch heitere Fassade einen Ausgleich zum wuchtigen Castelo de São Brás. Tritt man ins Innere, vernimmt man, wie in vielen anderen Kirchen auch, meist ein Gezischel. Erst wenn sich die Augen an das Dämmerlicht gewöhnt haben, löst sich da und dort eine betende Gestalt aus dem Halbdunkel. Selten wird man die Kirche betreten und ihre vergoldeten Edelholzschnitzereien oder die Heiligenbilder aus dem 17. Jh. betrachten können, ohne sich dabei als Fremdkörper in einer Sphäre tiefer religiöser Empfindungen zu fühlen (Mo–Fr 14 bis 18 Uhr).

Den größten Zulauf hat die mit Sakralschätzen überaus reich ausgestattete Kirche des Klosters **Nossa Senhora da Esperança ❽** nördlich des Platzes. Seit Anfang des 18. Jhs ist sie jeweils fünf Wochen nach Ostern der Ausgangspunkt für das größte Fest der Inseln, die Prozession zu Ehren des Senhor Santo Cristo dos Milagres (s. Exkurs rechts).

Im **Forte de São Brás** (16. Jh.) präsentiert das Museu Militar dos Açores Militärgeschichte des 19. und 20. Jhs. (Di–Fr 10–18, Sa 13–18 Uhr).

Zu den Parks im Norden

Entspanntes Schlendern verspricht die den Fußgängern vorbehaltene Rua G. Montalverne Sequeira bis zur Ecke des kleinen Jardim Padre Sena Freitas. Mit qietschenden Reifen sausen hier die Autos, von der abschüssigen Rua 6 de Junho kommend, um die gepflas-

Karte Seite 37

terte Ecke. In deren Verlängerung, der Rua Coronel Silva Leal, befindet sich 100 m weiter oben in einem ehemaligen Kloster der **Palácio do Governo ❾**, der regionale Regierungssitz.

Ein wenig weiter buhlt der Jardim Antero de Quental mit dem **Jardim António Borges** um die Gunst der Besucher. Letzterer wirkt wie ein Dschungel, und gerade bei feuchter Witterung verstärkt sich dieser Eindruck. Dann verwandeln sich die Gehwege in glitschige Bänder, aus den fünf bis zehn Meter tiefen Miniaturschluchten dampft es, Myriaden von glitzernden Wassertropfen an den Blättern stellen jeden Diamanten in den Schatten, und das verwirrende Wurzelgeflecht eines Ficus breitet sich fächerförmig über das Gras (tgl. 8.30–20 Uhr).

Am **Jardim Antero de Quental** kommt ein klein wenig die Kultur zum Zuge. Aus der Feder des Dichters (s. S. 40), dessen Name auf der Gedenktafel »Anthero« geschrieben steht, stammen die beiden dort in den Stein gemeißelten Sonette. Die Augen zieht es zur barocken Fassade der **Igreja do Colégio ❿**. Ihr Bau wurde 1737 begonnen, die Jesuitenvertreibung (1760) verhinderte jedoch die Fertigstellung – die Glockentürme fehlen. Zwischen 1997 und 2005 wurde das Gotteshaus mit finanzieller Hilfe

A Festa do Senhor Santo Cristo dos Milagres

Zehntausende von blauen, grünen, gelben, roten Lampions zieren jede Ecke, jede Wand und jeden Baum. Die Praça 5 de Outubro erstickt fast unter den Blumenteppichen und den bunten Zierbögen über den Straßen. Dutzende *bandas* (Kapellen) sorgen zuweilen für ein musikalisches Donnerwetter, ein Gottesdienst folgt dem anderen. Dazu noch Karussells und Bretterbuden, die vor Süßigkeiten, Spielzeug oder anderem Krimskrams überquellen. Laut ist es, eng ist es. Der melodiöse Dialekt Zehntausender Insulaner, die aus der ganzen Welt angereist sind, erfüllt die Stadt. Alljährlich fünf Wochen nach Ostern ist in Ponta Delgada für einige Tage kein Bett mehr frei.

Am Sonntag ist es so weit: Die Büste des *Senhor Santo Cristo* wird aus dem Dunkel der Igreja Nossa Senhora da Esperança hinaus ins Freie und in einer vierstündigen Prozession durch die Stadt getragen. Daran hat sich seit dem Jahr 1700 nichts geändert.

Zwei Nonnen hatten 1546 die lebensgroße Christusbüste von Papst Paul III. zum Geschenk erhalten, als er ihnen die Erlaubnis zum Bau eines Klosters erteilte. Doch die Büste geriet in Vergessenheit. Hundert Jahre später initiierte die Nonne Tereza da Anunciada einen Spendenaufruf. Es sollte zu Ehren des Gnadenbildes geopfert werden. Der Senhor Santo Cristo war bald reich mit Edelsteinen geschmückt. Man sprach von einem Wunder. Ein weiteres Wunder ereignete sich, als während einer Bittprozession die tagelangen Erdstöße plötzlich nachließen. Auch für Wunderheilungen ist der Christus zuständig, und wen wundert es da, dass er den Beinamen »dos Milagres« (der Wunder) bekam?

Karte Seite 37

der EU renoviert und beherbergt jetzt den **Núcleo de Arte Sacra do Carlos Machado,** eine Sammlung sakraler Kunst (Di–Fr 10–17.30, Sa, So 14 bis 17.30 Uhr).

Noch ein wenig höher, fast schon am Stadtrand, liegen der **Jardim do Palácio de Sant'Ana** (Mo–Fr 9–12, 14 bis 16.30 Uhr; Eintritt frei) mit dem gleichnamigen Palast, der heute Residenz des Präsidenten der Regionalregierung ist, und der dank seines hohen Baumbestands besonders schöne ***Jardim José do Canto** (tgl. 9 bis 17 Uhr; Eintritt 2 €). Das heute zweigeteilte, insgesamt 5 ha große Parkgelände wurde im 19. Jh. von einer der reichsten Familien der Insel angelegt. Den imposanten Palácio Jácome Correia nutzt heute die Regionalregierung. Im Jardim José do Canto befindet sich ein Pool mit Liegewiese, Umkleidekabinen und Duschen.

Vom Museum zum Markt

In einem ehemaligen Kloster befindet sich seit 1930 das ***Museu Carlos Machado ⓫**. Es ist bis unters Dach mit Kunst, Kultur und Dokumenten azorianischen Lebens angefüllt: Gemälde, völkerkundliche Exponate, mineralogische und botanische Sammlungen und auch Spielzeug. In der Abteilung für Zoologie findet man vielleicht auch

Antero de Quental

An seinem 40. Geburtstag schrieb Antero de Quental (1842–1891) das Sonett »Solemnia Verba«. Die »Feierlichen Worte«, die auf seinem Gedenkstein in Ponta Delgada zu lesen sind, schildern seine vielen Niederlagen und seelischen Schmerzen. Im Resümee glaubt er dennoch, dass sein Leben lebenswert war, aber weiterhin ist er auf der Suche nach innerem Frieden.

Als 23-jähriger Jurastudent trat er in Coimbra mit seinen Mitstreitern für eine Erneuerung der portugiesischen Kultur ein. Unter dem Titel »Bom Senso e Bom Gosto« (Guter Verstand und guter Geschmack) gab er in einem 16-seitigen offenen Brief einem Verfechter traditioneller Werte seine temperamentvolle Antwort. Quental kämpfte für Gerechtigkeit, Vernunft, Wahrheit und die Eigenverantwortlichkeit der Menschen und gegen eine Literatur, die an der Realität und am Menschen vorbei schrieb. Er gehörte zur *Geração de Coimbra* (Generation von Coimbra), die 1871 die *Conferências democráticas* (Gespräche über die Demokratie) im Lissaboner Kasino initiierte. Allerdings verhängte die Regierung nach kurzer Zeit ein Redeverbot.

Quental musste letztlich erkennen, dass seine Ideale nicht Realität wurden. Die Welt erschien ihm als feindliches Chaos voller Leid und Vernichtung. Er geriet dadurch in eine tiefe Bewusstseinskrise, und in zunehmendem Maße empfand er den Tod als Befreiung. Einzig »In der Hand Gottes«, so eines seiner letzten Sonette, glaubte er den Einklang mit sich selbst zu finden. 1891 nahm sich Quental vor der Kirche Nossa Senhora da Esperança das Leben.

Karte Seite 37

Von der Igreja Mãe de Deus genießt man einen herrlichen Ausblick

den Mittagsfisch in seiner ganzen Pracht konserviert (Di–Fr 10–12.30, 14 bis 17.30, Sa, So 14–17.30 Uhr, Mo, Fei geschl.).

Sollte sich am Ende des Museumsrundgangs ein Hungergefühl einstellen, dann rasch die Rua J. Moreira hinunter und in der Rua de S. João am Theater vorbei zum **Mercado ⓬**. Alles was auf den Azoren geerntet, geschlachtet oder auch kunsthandwerklich gefertigt wird, ist hier zu haben. Durch die moderne Halle weht der Duft frischer Ananas, die sich auf den Ständen türmen. Imbissbuden verkaufen herzhafte Morcela-Spießchen (mit Blutwurst) und eine unwiderstehliche Vielfalt an süßem Gebäck.

Ausflug zur Ananasplantage

Im Osten Ponta Delgadas, in den Stadtteilen Fajã de Cima und Fajã de Baixo, dehnen sich Ananasplantagen aus. Die tropischen Früchte werden mit hohem Aufwand in Treibhäusern gezogen, sind entsprechend teuer, schmecken allerdings auch besonders köstlich. In der ***Plantação de Ananases »A. Aruda«** (gut ausgeschildert) gewinnt man einen Überblick über den Anbau. Sogar Ananaslikör wird zum Verkosten ausgeschenkt und Ananasmarmelade sowie -bonbons verkauft (Juli–Sept. tgl. 9–20 , Okt. bis Juni tgl. 9–18 Uhr).

Strände der Stadt

Zwei gepflegte Strandzonen östlich der Stadt laden zum Baden ein. Mit Linienbussen sind sie problemlos zu erreichen.

In **São Roque** gibt es mehrere kleine Sandstrände unterhalb der Pfarrkirche, zudem die Praias das Milicias, an denen sich direkt das Barracuda Aparthotel erhebt (Tel. 296 381 421, Fax 296 381 075, www.hotel-barracuda.com; fast alle Zimmer mit Balkon und Meerblick; ❍❍).

Weiter außerhalb liegt die unverbaute **Praia do Pópulo** (mit Strandbar). An sommerlichen Wochenenden tummeln sich hier wie in São Roque zahlreiche Einheimische.

Karte Seite 37

Infos

Delegação de Turismo, Av. Infante Dom Henrique, 9500-150 Ponta Delgada, Tel. 296 285 743, Fax 296 282 211, Sa, So geschl.; am Flughafen (s. u.), Tel. 296 284 569.

Flughafen: Aeroporto João Paulo II, Tel. 296 205 414; Bus- und Taxizubringer; **SATA-Büro,** Tel. 707 227 282, Av. Infante Dom Henrique 55.
Schiffsverbindungen: Juni–Sept. mit Atlântico Line 2-mal pro Woche nach **Santa Maria, São Jorge, Faial, Pico, Praia da Vitória** (Terceira), **Graciosa** und **Flores.**
Busverbindungen: Drei Stadtbuslinien fahren je ca. 6-mal täglich verschiedene Rundkurse. Überlandlinien in alle wichtigen Orte ab Av. Infante Dom Henrique, Fahrpläne im nahe gelegenen Turismo-Büro.

Royal Garden Hotel, Rua de Lisboa, Tel. 296 307 300, Fax 296 307 307, www.investacor.com. Urbaner Chic mit asiatischem Touch: das erste Designerhotel der Azoren. Großer Wellnessbereich. ❍❍❍
▮ **Casa do Jardim,** Rua José do Canto 9, Tel. 296 650 310, Fax 296 650 319, www.residencialcasadojardim.com. Im Erdgeschoss eines Palastes (19. Jh.), inmitten der Ruhe und Exotik des Jardim J. Correia (s. S. 40). ❍❍
▮ **Casa Vitoriana,** Rua Dr. João Francisco de Sousa 34, Tel. 296 285 081, Fax 296 205 039, www.casavitoriana.com. Stadthaus im viktorianischen Stil (19. Jh.). Eine Oase ist der tropische Obstgarten. ❍
▮ **Residencial Carvalho Araújo,** Rua Carvalho Araújo 63/65, Tel. 296 307 090, Fax 296 307 099, www.residencialca.com. Nahe Jardim Antero de Quental, familiär-nostalgisch, ordentliche Ausstattung.❍

Açores Marisqueira, Rua Engenheiro José Cordeiro 20, Tel. 296 385 093. Fisch und Meeresfrüchte am Jachthafen; sehr beliebt bei Einheimischen, deshalb sind oft die Plätze knapp. Mo geschl. ❍❍❍
▮ **Colégio 27,** Rua Carvalho Araújo, Tel. 296 288 930. Trendiger Platz in der Stadtmitte, stylishes Interieur in 400 Jahre altem Salzlagerhaus, kreative Küche. Auch Jazz Lounge und Cocktailbar. ❍❍❍
▮ **O Roberto,** Av. Infante D. Henrique 14, Tel. 296 283 769. Aufgetischt werden Spezialitäten wie *Bife à Roberto* (Steak) oder *Bacalhau* (Stockfisch); erfreulicher Service, Meerblick. Sa geschl. ❍–❍❍
▮ **Rotas da Ilha Verde,** Rua de Pedro Homem 49, Tel. 296 628 560. Erstes und vorerst einziges vegetarisches Restaurant auf São Miguel; manchmal Themenabende. Tgl. 12–22 Uhr. ❍

Im 1917 gegründeten und 2005 renovierten **Coliseu Micaelense** ⓭ gibt es am Wochenende oft Varieté mit Tanz- oder Akrobatikgruppen. Ab und zu verwandelt sich das Theater in eine Megadisco. Programm: www.coliseumicaelense.pt, Ticket-Vorverkauf an der Kasse Mo bis Sa 13–20 Uhr.
▮ **El Cubanito,** Travessa do Arco 1, Tel. 296 287 227. Jede Nacht erklingt kubanische Live-Musik an der Uferpromenade.
▮ **Fair Play,** Rua da Cruz 17-19, Tel. 296 308 371. Jeden Donnerstag Live-Musik, am Sonntag ist »Ladie's Night«. Die Dekoration widmet sich – der Name des Lokals deutet es an – dem Fußball und speziell dem azorianischen Stürmerstar Pauleta. Wer hier nicht nur einen Drink nehmen, sondern auch etwas Handfestes speisen möchte, wählt vielleicht das *Bife à Pauleta*. Tgl. 7–2 Uhr.

Karte Seite 44

**Angra do Heroísmo

Auferstanden aus Trümmern

Wie ein Band legt sich die haushohe weiße Ufermauer zwischen das schäumende Meer und die im klaren Abendlicht strahlenden Häuser. Im geschlossenen Renaissance-Ensemble gruppieren sich stolze Bürgerhäuser an der Bucht zwischen den Kastellen São Sebastião und São João Baptista am Fuß des bewaldeten Monte Brasil. Ein Erdbeben hatte am Neujahrstag 1980 die betagte Pracht in Schutt und Asche gelegt. Mit UNESCO-Hilfe und enormem Einsatzwillen bauten die rund 18 000 Einwohner ihre Stadt im alten Stil wieder auf. So ist heute wieder nachzuempfinden, was der Historiker und Dichter Gaspar Frutuoso vor 400 Jahren mit »Klein-Lissabon« meinte.

Geschichte

Nach der Entdeckung Terceiras um 1439 mauserte sich Angra zum Zentrum der Azoren. Aus dem geschützten Naturhafen exportierten die Insulaner Getreide und Färberpflanzen. Papst Paul III. erklärte Angra zum Bischofssitz. Das Castelo de São Sebastião wuchs ab 1557 in den Himmel, um die prachtvollen Paläste und Kirchen vor den Piraten zu schützen. Doch zugleich drohte Terceira das politische Aus. Die Insel hatte sich 1580 gegen die Spanier auf die Seite des portugiesischen Thronanwärters António, Prior von Crato, gestellt und rief ihn 1582 zum (Gegen-)König aus. Ein Jahr später wurde Terceiras Widerstand mit Waffengewalt gebrochen.

Jardim Duque da Terceira, der malerische Stadtpark von Angra do Heroîsmo

Wegbereiter für ein ungewöhnliches städtebauliches Projekt war 1614 ein Erdbeben: Beim Wiederaufbau erhielt Angra einen geometrischen Grundriss im Stil der Renaissance.

1641 befreite sich Terceira vom spanischen Joch. Erst 1766 kam die politische Landschaft wieder in Bewegung: Marquês de Pombal installierte eine zentralistische Regierung, die Angra für einige Jahrzehnte zur azorianischen Hauptstadt erhob. Anfang des 19. Jhs. verblasste jedoch der wirtschaftliche und politische Stern Terceiras.

Die zentrale Praça Velha

Rund zwei Stunden dauert ein Rundgang durch Angras Stadtkultur.

Stadtverkehr und Menschen überfluten die **Praça Velha** (offiziell Praça da Restauração) bereits in den frühen Morgenstunden. Vom Straßencafé auf dem Platz beobachten Einheimische wie Touristen das Kommen und Gehen im **Paços do Concelho** ❶ an der Ostseite. In dem Rathaus mit seinem klassizistischen Giebelspitz liegt noch die erste blauweiße Fahne der konstitutionellen Monarchie, die von Königin Dona Maria II. bestickt wurde.

Karte Seite 44

Höhepunkte im Norden

Der Ladeira de S. Francisco am Angra Garden Hotel vorbei folgend, steht man schon wenige Meter weiter am schmalen Seiteneingang des **Jardim Duque da Terceira** (Haupteingang seitlich des Palácio dos Capitães Generais, s. S. 46; nur tagsüber offen). Über der gepflegten Pflanzenwelt aus Kakteen, Rosen und Flamboyantbäumen erheben sich Palmen. Mäuerchen aus Lavasteinen fassen die Wege und steilen Treppen hinauf zum **Alto da Memória** ❷. Ein Obelisk mit herrlichem Rundblick über Stadt und Insel ehrt dort König Pedro IV. (s. S. 21). Am nördlichen Ausgang des gelb gefassten Monuments setzt die Rua do Pisão an. Früher floss hier die Ribeira dos Moinhos und trieb Wassermühlen an.

An der Stelle des **Convento de São Francisco** ❸ stand früher die Kapelle Nossa Senhora da Guia, in der Vasco da Gama seinen Bruder Paulo begrub. Heute beherbergt das einstige Hauptkloster der Franziskaner das **Museu de Angra do Heroismo,** das Gemälde und Skulpturen, Mobiliar und Porzellan aus Kirchen und Palästen der Stadt zeigt, dazu eine Sammlung alter Karten (Di–Fr 9.30–12, 14–17, Sa, So 14–17 Uhr; Eintritt 2,50 €).

Am oberen Ende der Rua do Galo rückt die Kirche **Nossa Senhora da Conceição** ❹ ins Blickfeld. Sie wurde 1533 errichtet. Besondere Stimmung erfüllt den schlichten Raum unter der hölzernen Kassettendecke, wenn

❶ Paços do Conselho
❷ Alto da Memória
❸ Convento de São Francisco
❹ Nossa Senhora da Conceição
❺ Kloster Solar N. S. dos Remédios
❻ Monumento da Costa
❼ Igreja da Misericórdia
❽ Casa do Conde Vila Flor
❾ Palácio dos Capitães Generais
❿ Sé Catedral
⓫ Palácio dos Bettencourts
⓬ Convento São Gonçalo

Karte Seite 44

Die Igreja da Misericórdia überragt die Marina von Angra do Heroísmo

Panoramablick

Den schönsten Blick über Angra do Heroísmo garantiert der 205 m hohe **Monte Brasil.** Der Fußweg hinauf (hin und zurück ca. 2 Std., nur bis 21.15 Uhr zugänglich) führt an der Fortaleza de São João Baptista vorbei (tgl. 9.30–12.30, 14–18 Uhr). Das Fort entstand während der spanischen Fremdherrschaft Ende des 16. Jhs. und ist eine der mächtigsten Bastionen, die die Spanier je bauten. Zusammen mit dem Castelo de São Sebastião auf der anderen Seite der Bucht sicherte das Bollwerk die Seeseite der Stadt. An einer Straßengabelung oberhalb der Festung hält man sich rechts. Danach ist der Fußweg steil aufwärts ausgeschildert. Auf dem Picknickgelände unterhalb der Bergkuppe wird am Wochenende gegrillt. Dort geht es rechts zur Aussichtsplattform, wo ein Säulenmonument an die Entdeckung Terceiras 1432 erinnert.

sonntags feierliche Messgesänge erklingen (Mo–Sa 9.30–19, So 9–15 Uhr).

Hafen und Bucht

Einige Schritte weiter öffnet sich die Praça dos Remédios mit dem Kloster **Solar Nossa Senhora dos Remédios** ❺. Architekt war im 19. Jh. Pero Anes do Canto, des Königs Schiffsbauer. Im Lauf der Zeit wechselte weltliche und geistliche Nutzung des Gebäudes. Lange wurden sogar Pfeffer, Zimt und Nelken von den Schiffen aus Ost- und Westindien hier zwischengelagert. Nebenan steht ein Relikt des Bebens von 1980: die eingestürzte Igreja Corpo Santo.

Die Rua do Armador hinab, geht man an der nächsten Kreuzung nach links und biegt bei einem Heiliggeisttempel (*império;* 1895) rechts in die Rua do Cardoso Richtung Hafen ein. Wenige Schritte die Rua do Faleiro hinauf, und man steht vor dem mächtigen **Monumento da Costa** ❻ an den Klippen. Die modernen Lavasteinreliefs erzählen die Geschichte Terceiras. Im Frachthafen **Porto das Pipas** entladen Kräne und Pumpen die Schiffe.

Karte Seite 44

Die enge Pflastersteingasse Rua Baixinha führt zum Vorplatz der **Igreja da Misericórdia** ❼ am alten Zollkai. Hier nahm 1492 das erste Krankenhaus der Azoren seinen Betrieb auf (unregelmäßig geöffnet).

Bevor man sich vielleicht einen Kaffee am Kiosk auf dem **Pátio da Alfândega** gönnt, sollte man einmal um das wunderschöne Zollgebäude *(alfândega)* von 1853 herumlaufen. In der nahe gelegenen ehemaligen Schiffswerft wurden früher die Segelschiffe aus Goa, Havanna und Puerto Rico für Reparaturarbeiten vertäut.

Östlich des Zollkais schließt die **Marina** an. Deren Restaurant und Bar mit Aussichtsterrasse und gelegentlicher Livemusik sind ein Anziehungspunkt von Angra.

Am Westrand der Bucht, entlang der Rua da Rocha, bietet der promenadenartige **Jardim dos Corte-Reais** einen wunderbaren Ausblick. Kiosk und Kinderspielplatz locken einheimische Familien hierher.

Bummel über die Rua Direita

Alfândega und Praça Velha verbindet Angras Prachtstraße, die belebte **Rua Direita,** mit guten Geschäften und überquellenden Souvenirläden.

Die Nummern 111–121 markieren das wohl schönste Haus der Stadt. In der **Casa do Conde Vila Flor** ❽ lebte António J. Severim de Noronha, Graf von Terceira. Er befehligte die liberalen Truppen, die am 11. August 1829 Praia da Vitória verteidigten (s. rechts). Noch wahrt das Haus seinen altertümlichen Charme; im Erdgeschoss in der Farmácia da Lisboa, einer Apotheke mit betagter Holzeinrichtung, sowie in der **Loja dos Linhos,** die Tücher und Kleidung verkauft. Im ersten Stock lohnt sich, abgesehen von den Ausstellungen, ein Blick vom Balkon auf das Getümmel der Rua Direita.

Vom Königspalast in Richtung Westen

Der helle **Palácio dos Capitães Generais** ❾ lässt keine Zweifel über seine Bedeutung aufkommen. Der erste Generalkapitän der Azoren, Dom Antão de Almada, ließ 1776 das Jesuitenkolleg in einen Palast umbauen. Sowohl Pedro IV. (1832) als auch Carlos I. (1901) nutzten das reich ausgestattete Gebäude als Residenz (Mo–Fr 14–17 Uhr; Eintritt frei).

Westlich des Palastes beginnt die autofreie Rua da Esperança, ein angenehmer Kontrast zur stark befahrenen Rua da Sé, die überragt wird von der imposanten **Sé Catedral** ❿ (auch: Igreja do Santíssimo Salvador). Ihre Glockentürme mit den blauweißen Spitzen sind ein attraktiver Blickfang.

Aufmüpfiges Terceira

Auch auf den Azoren sorgte der liberale Wind gegen den Absolutismus für Wirbel. Eine Verschwörung jagte die andere, als König João VI. 1821 aus Brasilien, wo er sich seit 1808 mit seiner Familie aufgehalten hatte, nach Lissabon reiste. 1822 musste er den Eid auf eine liberale Verfassung leisten. Als er 1826 starb, stritten sich seine Söhne, der Monarchist Miguel I. und der liberale Pedro IV., um die Thronfolge. Pedros Anhänger zogen sich angesichts der neuen Fesseln der Monarchie nach Madeira und auf die Azoren zurück.

Karte Seite 44

Neben dem Eingang der Kathedrale erinnert ein Denkmal an den Besuch von Papst Johannes Paul II. im Jahre 1991. Im Inneren sehenswert sind die Verkleidung des linken Seitenaltars aus gehämmertem Silber sowie das indo-portugiesische Notenpult aus Palisanderholz; beide Arbeiten stammen aus dem 17. Jh. (tgl. 9.30–12, 13 bis 16.30 Uhr).

Südlich der Sé verbirgt sich der **Palácio dos Bettencourts** ⓫. Über dem Portal prangt das Wappen der Familie Bettencourt. Im 15. Jh. stellte sie die Gouverneure der Kanaren. Heute beherbergt das Herrenhaus Stadtarchiv und Bibliothek. Die Azulejos der Eingangshalle halten Geschichtsszenen fest (Okt.–Juni Mo–Fr 9–19, Sa, So 9.30–12 Uhr; Juli–Sept. Mo–Fr 9 bis 17 Uhr, Sa, So geschl.).

Drei Querstraßen steht der **Convento São Gonçalo** ⓬ (17. Jh.). Die Wände der Kirche verkleiden Azulejo-Bilder, farbige Malereien überziehen das Gewölbe (Mo–Fr 14–17, Sa, So 15–17 Uhr; evtl. klingeln).

Von der sternförmigen Straßenkreuzung Alto das Covas führt westwärts die Rua de São Pedro aus dem Ort hinaus. Sie erschließt das Touristenviertel von Angra mit zwei modernen Großhotels und der Felsbadeanlage am **Cais da Silveira.**

Handgefertigte **Stickereiarbeiten** von Terceira erhält man in der Verkaufsausstellung der Firma **Açorbordados** (Rua da Rocha 50, www.acorbordados.com).

Infos

Delegação de Turismo,
9700-066 Angra do Heroísmo,
Rua Direita 74, Tel. 295 213 393,
Fax 295 212 922.

Flüge: TAP-Büro, Rua da Sé 144,
Tel. 707 213 141 (Information),
707 205 700 (Reservierung);
SATA-Büro, Rua da Esperança 2,
Tel. 295 212 013.

Eine entscheidende Rolle im politischen Kampf zwischen den beiden Lagern sollte Terceira spielen. Auf der Insel wurde der Generalkapitän gestürzt, eine liberale Regierung eingesetzt und Angra zur Hauptstadt Portugals erklärt. In São Miguel, Faial und bei Miguel I. stieß dieses Handeln auf wenig Gegenliebe. 1829 kam es zur Schlacht von Praia. Die Invasion der Traditionalisten konnte jedoch abgewehrt werden, der Strand wurde zum »Strand des Sieges«: Praia da Vitória.

Pedro IV., gleichzeitig Regent von Brasilien und Thronanwärter, musste nach Portugal reisen, um seine Ansprüche auf die Krone geltend machen zu können. Von Terceira aus organisierte er 1831 die erfolgreiche Besetzung Portos. Zusammen mit Nachschubtruppen von der Insel gelang es Pedro im Jahr darauf, die Miguelisten endgültig zu vertreiben.

Die Tochter Pedros IV. wurde 1834 Königin Maria II. Sie verlieh Angra, auf Vorschlag des bedeutenden portugiesischen Romantikers Almeida Garrett, den Beinamen *do Heroísmo* (»Heldenmut«).

Karte Seite 44

Schiffsverbindungen: Mitte Juni bis Mitte Sept. Personenfähre von Transmaçor 4-mal wöchentlich nach **Horta** (Faial) über **São Jorge** und **Pico.**
Busverbindungen: Praia Mo–Fr etwa stündlich (ab Ladeira de São Francisco), Biscoitos Mo–Fr 7-mal täglich (ab Rua do Marquês) u. a. Am Wochenende seltenere Verbindungen.

Angra Garden Hotel, Pr. da Restauração, Tel. 295 206 600, Fax 295 206 650, www.investacor.com. Renoviert, nach hinten Blick über Jardim Duque de Terceira. ❍❍❍

▮ **Quinta de São Carlos,** Caminho do Meio 38, Tel. 295 332 298, Fax 295 331 566, www.quintadesaocarlos.com. Über 200 Jahre alter Herrensitz mit allem Komfort. Von riesigem Garten mit Pool umgeben und doch innenstadtnah. ❍❍❍

▮ **Terceira Mar Hotel,** Portões de São Pedro 1, Tel. 295 402 280, Fax 295 402 288, www.bensaude.pt. Modernes Komforthotel am Meer, am Westrand der Stadt. ❍❍❍

▮ **Hotel Beira Mar,** Largo Miguel Corte Real 1–5, Tel. 295 215 188, Fax 295 628 248, www.hotelbeiramar.com. Inseltypischer Barockpalast am Meer mit schmiedeeisernen Balkonen. ❍❍

▮ **Quinta da Dotty,** Caminho do Meio 10, Tel./Fax 295 331 505, dottys@web.de. Am Westrand nahe der Badebucht Silveira. Großer Garten, familiär, deutsche Leitung. ❍

▮ **Residencial A Ilha,** Rua Direita 24, Tel. 295 628 180, Fax 295 628 181. Schönes Stadthaus, in der Belle Étage Balkon zur Fußgängerzone. Einfache aber hübsche Zimmer. ❍

Casa da Roda, Rua da Rocha 64, Tel. 295 206 060. Feine Meeresfrüchte, serviert auf einer Terrasse am Meer. So geschl. ❍❍❍

▮ **Beira Mar,** Largo Miguel Corte Real, Tel. 295 215 188. Im gleichnamigen Hotel; edel – Küche wie Speisesaal, Terrasse zum Meer. ❍❍

▮ **Casa do Peixe,** Estrada Gaspar Corte Real 30, Tel. 295 217 678. In der alten Fischmarkthalle; Spezialität: Fisch im Dachziegel. Di geschl. ❍❍

▮ **O Pátio,** Largo Prior do Crato 5–7, Tel. 295 214 244. Besonders zu empfehlen ist hier *cherne* (Wrackbarsch). So geschl. ❍❍

Touradas

Fast jede Gemeinde – zum Saisonstart krachen am 1. Mai in Ribeirinha die Böller – richtet traditionell eine *tourada à corda* aus. Diese unblutige Form des Stierkampfs geht mindestens bis auf das 16. Jh. zurück. Der Stier bekommt ein 100 m langes Seil um den Hals, das von einigen Männern gehalten wird. Tollkühne warten in Straßen und Gassen, in denen Fenster und Türen mit Brettern verbarrikadiert sind, mit Handtüchern, Regenschirmen oder Pullover ausgerüstet auf den Stier. Es gilt, dem Publikum kunstvolle *passes* (Figuren) zu zeigen. 130-mal wiederholt sich bis zum 15. Oktober das Treiben.

Normalerweise wird der Stier nicht verletzt. Tierschützer haben daher bislang noch nicht protestiert. Die Tiere kommen nach der Tourada wieder auf die Weide und treten vielleicht schon eine Woche später beim nächsten Dorffest wieder auf.

Karte Seite 52

**Horta

Treffpunkt im Atlantik

Kraftvoll dreht sich die Schraube des Fährschiffes am frühen Morgen. Geschäftsleute im Anzug, Weinbauern mit großen Flaschen und rucksackbepackte Touristen steigen zur ersten Pendelfahrt über den »Kanal« zur Insel Pico ein. Unter das Stampfen der Tunfischboote und Frachter, das Tuckern der klobigen Fischkutter und den Lärm des Containerkranes mischt sich das sanfte Klirren der Takelung schicker Jachten an den Schwimmstegen der Marina.

Manchmal überragen himmelhoch scheinende Masten eines Marineschulschiffes den dichten Aluminiumwald zwischen bunt bemalter Hafenmauer und verwitterten Zinnen des Kastells. Zu Zeiten, als die Kanonen noch in Betrieb waren, hieß der Hafen Hortas Porto Pim und lag in der abgeschirmten Bucht hinter Monte da Guia und Monte Queimada.

Stärker als die anderen Azorenstädte lebte und lebt Horta (8000 Einw.) von und mit seinen Häfen. Von jeher war die Stadt ein Rastplatz auf Reisen zwischen Europa und der Neuen Welt. Ob verwegene Matrosen amerikanischer Walfangschoner, stolze Kapitäne der ersten Dampfschiffe oder tollkühne Piloten mit ihren Wasserflugzeugen, alle gingen sie in Horta an Land. So bringen heute die Skipper der Jachtschwärme aus der Karibik den ruhigen Pulsschlag des Städtchens kaum aus dem Takt. Die weltoffenen Einwohner bleiben bescheiden und zurückhaltend im internationalen Sprachengewirr, das durch Cafés, Straßen und Parks tönt.

Geschichte

Josse van Hurtere, dem Horta seinen Namen verdankt, war ein wohlhabender Flame und hatte eine Frau aus dem portugiesischen Königshaus geehelicht. Angelockt von angeblichen Silber- und Zinnvorkommen, machte er sich Mitte des 15. Jhs. auf den Weg zur »Ilha de Ventura«, zur Glücksinsel, wie sie damals hieß. Bodenschätze gab es nicht, doch tröstete sich van Hurtere mit den fruchtbaren Böden. Getreide und die exportträchtige Färberpflanze *pastel* gediehen prächtig. Gagelbäume (port. *faia,* s. S. 14 f.) bedeckten das Eiland, weshalb die Flamen die Insel in Faial umtauften.

Mit dem Aufschwung des Walgeschäfts warfen unzählige amerikanische Segelschiffe in Porto Pim Anker. Die Walfänger bunkerten Vorräte und

Kabelkreuz Horta

Als 1893 das erste Telegrafen-Überseekabel Horta direkt mit Lissabon verband, war der Aufstieg zum atlantischen Kommunikationszentrum kaum noch zu bremsen. 1900 verlegte die Deutsch-Atlantische Telegraphengesellschaft ein Kabel von der ostfriesischen Insel Borkum über Horta nach New York. Horta wurde Schaltstelle im internationalen Fernmeldenetz: Schon bald kreuzten sich die Kabel aus London, Paris und Washington in den Stationen des Hafenstädtchens. Die Bedeutung der Kabel sank jedoch mit der Entwicklung von Telefon-, Radio- und Satellitenübertragung. 1969 wurde die letzte Telegrafengesellschaft feierlich geschlossen.

Karte Seite 52

Wer unter Segel in Horta einläuft, verewigt sich an der Kaimauer

stockten die Mannschaft mit Ruderern und Harpunieren der Insel für die kleinen Fangboote auf.

1808 kam mit John Dabney ein Mann, der im Wein-, Orangen- und Ananasexport blendend verdiente und Fabriken zur Walverarbeitung betrieb. Als Unternehmer und erster Konsul der jungen amerikanischen Nation machte er mit neu erbauten Lagerhäusern und Reparaturwerkstätten Hortas Hafen zum Mittelpunkt im Atlantik. Erhalten sind die Herrensitze »Fredónia«, »The Cedars« und die Villa »Bagatelle« als Zeugen einstiger Größe.

Mit dem Neubau des Kais auf der Ostseite des Monte Queimada begann 1876 ein neues Zeitalter. Dampfschiffe bevölkerten den Hafen, luden Kohle, nahmen Wasser und Obst an Bord. Eine wichtige Rolle spielte Horta auch beim Aufbau der Flugverbindungen zwischen Europa und Amerika. 1919 war es Zwischenlandeplatz beim ersten Transatlantikflug. In den Jahren darauf machten diverse Wasserflugzeuge im Hafen Station, zwischen 1939 und 1945 wasserten die gewaltigen Clipper der Pan American im Linienverkehr (s. Exkurs rechts).

Nach der »Nelkenrevolution« 1974 wurden die Azoren eine Autonome Region, ihr Parlament tagt in Horta, das mit Ponta Delgada und Terceira Sitz der regionalen Verwaltung ist.

Die alte Hafenbucht

Die Entfernungen in Horta sind mühelos zu Fuß zu bewältigen, eine Stadtbesichtigung lässt sich gemütlich in drei Stunden bewerkstelligen.

Über Lavasplitter spritzt das Meer beim **Forte São Sebastião.** Die verwitterten Steinquader des Verteidigungswerkes stammen vom Monte da Guia, der mit mächtigem Rücken eine natürliche Bucht formt.

Auf der Wasserseite des **Portão do Porto Pim ❶**, eines alten befestigten Hafentors, liegen Fischerboote, Surfbretter und Tretboote. Die Bucht mit ihrem hellbraunen Sandstrand am Fuß des pechschwarzen Monte Queimada steht ganz im Zeichen aktiver Freizeitgestaltung. An Sommerwochenenden

Karte Seite 52

tummelt sich die Jugend beim Badespaß zwischen Berg und Meer.

Seit dem Erdbeben im Jahr 1998 baufällig, seit 2005 in Renovierung befindlich und bis auf weiteres geschlossen ist die **Igreja Nossa Senhora das Angústias ❷**. Brites de Macedo, Frau des Legatskapitäns Josse van Hurtere und erste »First Lady« der Insel, hatte im 16. Jh. an dieser Stelle eine Kapelle erbauen lassen, die später durch eine einschiffige Kirche ersetzt wurde.

Auf den Monte das Moças

Gegenüber der Kirche, an der runden Hausecke eines mit Geschirr und Schreibwaren gut bestückten Ladens, weisen alte Lettern zum höher gelegenen **Oberservatório Príncipe Alberto de Monaco ❸** (Anmeldung unter Tel. 292 292 818 erforderlich). Die Straße beim Laden, ebenfalls benannt nach dem blaublütigen Mäzen und begeisterten Meeresforscher (1848–1922), steigt 60 Meter bis zum Gipfel des **Monte das Moças** an.

Dort oben steht das Observatorium voller tickender Apparaturen und Computer. Früher diente es als Wetterwarte. Die Wetterdaten werden mittlerweile am Flughafen erfasst, das Observatorium ist heute seismische Messstation. Fast täglich ereignen sich auf Faial für den Menschen nicht wahrnehmbare kleinere Erdstöße. Hinzu kommen etwa 30 bis 40 spürbare Beben bis Stärke 4.

Flug-Hafen

Von einer Sekunde zur anderen hatte Horta einen Flughafen. Etwas über 15 Stunden war Albert Read unterwegs, als er auf dem Weg vom amerikanischen Trepassey Bay am 22. Mai 1919 mit einer viermotorigen NC 4 der amerikanischen Marine im Atlantik vor der Stadt wasserte. Damit war Horta der erste Landeplatz des ersten Transatlantikfluges, den Read via Ponta Delgada und Lissabon bis nach Plymouth in Großbritannien fortsetzte. Zehn Jahre später landeten mit der zwölfmotorigen Dornier DO-X, dem damals größten Wasserflugzeug der Welt, bereits 70 Passagiere. Berühmte Flugpioniere folgten der Flugroute. 1930 schwebte Graf Zeppelin mit seiner »Zigarre« über die Stadt hinweg. 1933 schickte die Pan American den Flieger Charles Lindbergh. Der parkte sein wuchtiges Wasserflugzeug, eine Lookheed Sirius, im Hafen und kundschaftete aus, ob Horta als Zwischenstation für Linienflüge über den Atlantik tauglich war. 1936 bis 1938 versuchte die Lufthansa diese Idee mit Katapultstarts von den Schiffen »Schwabenland« und »Friesland« zu realisieren. Doch das Hafenbecken blieb Flughafen: Von 1939 bis 1945 verkehrten im Linienverkehr die Maschinen Atlantic Clipper und Dixie Clipper der Pan American. Die riesigen Boeing-314-Wasserflugzeuge für Luftfracht und Passagiere bestimmten das Bild der Stadt von der Seeseite. Gegen Ende des Zweiten Weltkrieges, als die Inseln Terceira und Santa Maria asphaltierte Landeplätze errichteten, verschwand der Flug-Hafen vor Horta.

Karte Seite 52

Am neuen Hafen

Wieder am Hafen, bietet sich wenige Meter stadteinwärts ein Schwenk hinunter zum Fähranleger an.

3 Geeignet für einen ausgiebigen Stopp ist **Peter Café Sport ❹**. Einheimische wie auch Segler aller Kontinente sitzen bis Mitternacht in der urigen Kneipe. Der Gin wird von Skippern als der beste zwischen der Karibik und Gibraltar gerühmt. Kein Wunder, ist dies doch im Umkreis von tausend Seemeilen die einzige Kneipe, die sich um Segler, deren Post und Trinkwünsche kümmert. Wimpel und Flaggen baumeln von der Decke und verhüllen die alte Holztäfelung der Wände. Selbst ohne einen Faden Seemannsgarns hat das Lokal Atmosphäre. Jahrzehntelang wurde es von dem legendären, 2005 verstorbenen »Peter« geführt, der eigentlich José Azevedo hieß. Ein englischer Kapitän hatte ihn im Zweiten Weltkrieg »umgetauft«, und dabei war es geblieben. Peters Sohn José Henrique führt inzwi-

Karte Seite 52

»Peter Café Sport« ist im Umkreis von 1000 Seemeilen der Seglertreff

schen die populäre Hafenkneipe ganz im Sinne seines Vaters weiter (Rua Tenente Valadim 9, Tel. 292 292 327, www.petercafesport.com; tgl. 8 bis 24 Uhr). Einzigartig auf der Welt ist das **Scrimshaw Museum** im ersten Stock von Peter Café Sport. Die vielfältige Privatsammlung gravierter Walzähne (s. S. 27) wurde von Peters Familie über Jahrzehnte hinweg zusammengetragen (Mo–Sa 9.30–13, 14 bis 18.30, So 9.30–13, 16–18.30 Uhr; Eintritt 1,50 €).

Weiches Scheinwerferlicht beleuchtet abends die efeuumrankten Zinnen des **Castelo de Santa Cruz ❺**. Es wurde um das Jahr 1567 erbaut, um Horta und seinen Hafen vor Angriffen französischer und englischer Korsaren zu schützen. Dennoch gelang es Sir Walter Raleigh, die Stadt 1597 zu besetzen, zu plündern und zu brandschatzen. Heute befindet sich in dem Castelo eine edle **Pousada** (s. S. 56).

An die nördliche Mauer des Castelo de Santa Cruz grenzt die baumbestandene **Praça do Infante,** auf der mittags die Schulkinder toben. Während das eiserne Gesicht der Büste Heinrich des Seefahrers starr stadteinwärts blickt, schauen interessierte Touristen zum Meer auf die Schwimmstege vor den bemalten, nachmittags sonnenwarmen Hafenmauern der beliebtesten **Marina** im Atlantik. Dort liegen blitzblank geschrubbte Nobeljachten aus der ganzen Welt fest vertäut neben sturmerprobten Nussschalen.

In Hortas geschützter Hafenbucht ankern auch Transatlantiksegler gerne

Skipper und Crewmitglieder der Jachten trifft man in der **Bar da Marina** am Kai.

Zur Rua Direita

Bevor Sie sich in das Gewühl der Hauptstraße, der Rua Conselheiro Medeiros, stürzen, lohnt sich auf jeden Fall ein kurzer Abstecher: Die Rua Cônsul Dabney (westl. der Praça) hinauf kommt man in die **Colónia Alemã ❻**, die »Deutsche Siedlung«, mit den Anfang des 20. Jhs. im Kolonialstil erbauten Häusern der Deutsch-Atlantischen Telegraphengesellschaft. Im Zweiten Weltkrieg musste die DAT Horta verlassen. Heute sind in den Gebäuden Dienststellen der Regionalregierung untergebracht. Am ehemaligen Ballsaal lohnt ein Blick von außen auf die bunten Fensterscheiben mit den Wappen der deutschen Länder.

Karte Seite 52

In der meist einfach Rua Direita (»gerade Straße«) genannten **Rua Conselheiro Medeiros** mit ihren kolonialen Bauten und gusseisernen Balkonen muss man sich manchmal geduldig den Weg bahnen, vorbei an Souvenirläden, Fotogeschäften und Boutiquen.

Von außen recht schlicht wirkt die **Igreja de São Francisco ❼**. Das vergoldete Schnitzwerk sowie die Azulejos mit Bildern aus dem Leben des hl. Franziskus im Inneren sind leider nicht zu besichtigen, da die Kirche nach wie vor auf unbestimmte Zeit wegen schwerer Erdbebenschäden geschlossen ist.

Largo Duque de Ávila e Bolama

Den Largo Duque de Avila e Bolama beherrscht die ab 1680 vom Jesuitenorden erbaute Pfarrkirche **Matriz São Salvador ❽** mit ihrer barocken Formenfülle (tgl. 17–19 Uhr).

Mindestens so interessant wie Hochaltar, vergoldetes Chorgestühl und Silberarbeiten der Sakristei sind die Exponate des **Museu da Horta,** das nebenan im einstmals größten Jesuitenkolleg der Azoren untergebracht ist. Alte Fotos verdeutlichen die Pläne des Hafenbaus, Telegrafenkabel, die ehemals den Atlantik durchquerten, liegen hier im Trockenen, und Fotoserien der Transatlantikflieger lassen die alte Zeit aufleben. Höhepunkt eines Rundgangs sind die Exponate von Euclides Rosa. Er bildete Segelschiffe, Stadtlandschaften und Menschen mit Feigenbaummark originalgetreu in unglaublichen Miniaturformaten nach und wurde dadurch berühmt (Palácio do Colégio; Mai bis Sept. Di–Fr 10–12, 14–17 Uhr, Sa/So 14–17 Uhr, Okt.–April Di–Fr 10–12.30, 14–17.30 Uhr, Sa/So 14–17.30 Uhr; Eintritt 2 €, So frei).

Nun lohnt ein Abstecher aufwärts zur **Igreja do Carmo ❾**, der ehemaligen Klosterkirche der Karmeliter, die hoch über der Innenstadt thront. Der Ausblick von der Terrasse ist fantastisch. Die Karmeliterkirche, von vielen als schönste Kirche Hortas angesehen, war lange dem Verfall preisgegeben. Inzwischen wird sie aber restauriert.

Mercado und Praça da República

Unterhalb der Post zieht sich die boutiquengesäumte Rua Serpa Pinto mit ihren herrschaftlichen Kolonialhäusern nach Norden. Vormittags hallen die Verkaufsgespräche der Stadtmarketender aus dem **Mercado Municipal ❿**. Fisch, Fleisch, Obst und Gemüse nehmen hier den direkten Weg von den Verkaufstischen der Erzeuger in die Taschen der Hausfrauen (Mo–Fr 7 bis 15, Sa 7–13 Uhr).

Ein Marktportal öffnet sich zur **Praça da República.** Das knallige Rot des Pavillons für Standkonzerte überstrahlt die gepflegten Blumenbeete zwischen den hohen Araukarien.

Am höher gelegenen Platzende fällt die Art-déco-Architektur der 1930er-Jahre des **Clube Sociedade Amor da Patria ⓫** ins Auge – von einer Hortensienbordüre umrankt. Eine mächtige Freitreppe führt zu den eleganten Konzert- und Gesellschäftsräumen des einflussreichen Männerklubs.

Neben so viel Pomp geht der **Império dos Nobres** fast unter, der wohl älteste erhaltene Heiliggeisttempel der Azoren. Er wurde Ende des 18. Jhs. in Erinnerung an die schweren Eruptionen errichtet, die den Nordwesten Faials 1672 erschütterten. Die

Karte Seite 52

An der Praça da República setzt der rot lackierte Pavillon einen farbigen Akzent

Vulkanausbrüche wurden als himmlisches Zeichen aufgefasst, das zur Wiederbelebung der schon beinahe in Vergessenheit geratenen Heiliggeistfeste (s. S. 17) führte.

Weiter nördlich steht an der Rua de São João die **Torre de Relógio ⓬**. Der alte Uhrturm blieb von der früheren Pfarrkirche (18. Jh.) erhalten. Nebenan lädt der hübsche **Jardim de Florêncio Terra** zur Rast ein. Die 1883 entstandenen Marmorskulpturen am zentralen Teich symbolisieren die Jahreszeiten. Schatten spenden dem kleinen Park gewaltige Drachenbäume, deren Kronen zusammengewachsen sind.

Abstecher nach Norden

Durch die Alameda Dom Rochas spaziert man an den schlichten, einstöckigen Häuschen der Rua da Conceição vorbei bis zum Bach, der früher als Hafen für die Fischerboote diente. Jenseits des Bachbettes erhebt sich die neue **Igreja N. S. da Conceição ⓭**. Für den Rückweg ins Zentrum bietet sich die Uferstraße Avenida Diogo de Teive an. Bei klarem Wetter sieht man die Nachbarinsel Pico. In 15 bis 20 Minuten ist man wieder an der Praça do Infante.

Kurzausflüge

Für einen Überblick auf Stadt, Bucht und Nachbarinseln lohnt ein Ausflug zu Fuß (1 Std.) in das Landschaftsschutzgebiet des **Monte da Guia** (150 m). Von der Terrasse der Einsiedlerkapelle schaut man hinunter in die *caldeirinhas*. In diesen beiden submarinen Vulkankratern schäumt das türkisblaue Wasser. Sie tragen deshalb auch den Namen *Caldeira do Inferno* (»Höllenkessel«).

Am Fuß des Monte da Guia wurde in der ehemaligen Walfabrik das **Museu Centro do Mar ⓮** eingerichtet. Hier finden wechselnde Ausstellungen zu diversen Themen rund um das Meer. Im Shop gibt es T-Shirts – natürlich mit Meeresmotiven (nur im Sommer Sa, So 15–18 Uhr; Eintritt frei).

Der herrliche Aussichtspunkt auf dem **Monte Carneiro** thront 270 m über der Stadt. Hinauf gelangt man durch die Canada das Dutras (zu Fuß 45 Min.).

Karte
Seite
52

Mit seinen eleganten Bauwerken ist Horta eine der schönsten Städte der Azoren

Auf keinen Fall entgehen lassen sollten sich Besucher von Horta den 2 km entfernten, liebevoll gepflegten **Jardim Botânico** an der nördlichen Straße nach Flamengos (s. Karten S. 52 und S. 86). Der Garten präsentiert einen Überblick über die endemischen Gewächse der Azoren (Juni–Sept. Mo bis Fr 9–19, Sa, So 10–13, 14–17.30 Uhr, Okt.–Mai Mo–Fr 9–12.30, 14–17.30 Uhr, Sa/So geschl.; Eintritt frei).

Infos

Posto de Turismo, Rua Vasco da Gama, 9900-017 Horta, Tel. 292 292 237, 292 293 601, Fax 292 292 006.

Flughafen: Aeroporto Castelo Branco, 8 km, Tel. 292 943 111; **SATA-Büro,** Largo do Infante, Tel. 292 293 912; **TAP-Büro,** Rua Vasco da Gama 28, Tel. 707 213 141.

Schiffsverbindungen: Zwischen Horta (Faial) und **Madalena** (Pico) verkehren im Sommer 6-mal täglich, im Winter 4-mal täglich Personenfähren von Transmaçor (Fahrzeit 20–30 Min.). Mitte Juni bis Mitte Sept. 2-mal täglich, in der Vorsaison 2-mal pro Woche bedient die Gesellschaft die Strecke **Horta – Madalena – Cais do Pico Velas (São Jorge)** und zurück. Außerdem bestehen Mitte Juni bis Mitte Sept. 4-mal wöchentlich Verbindungen nach **Angra** (Terceira) über Velas und Calheta (São Jorge). Autofähren von Atlântico Line verbinden Juni–Sept. Horta 1- bis 2-mal pro Woche mit allen Inseln des Archipels (außer Corvo); Fahrplanauskunft: s. S. 33.

Busverbindungen: Ab Avenida Diogo de Teive: Flamengos (2- bis 4-mal tgl.), Praia do Almoxarife (1- bis 3-mal tgl.), Cedros (2- bis 3-mal tgl.). Ab Rua Vasco da Gama: Flughafen/Castelo Branco (2- bis 5-mal tgl.), Praia Norte (1- bis 2-mal tgl.); an Sonn- und Feiertagen fahren keine Busse. Vier Minibuslinien verkehren innerhalb der Stadt.

Hotel do Canal, Largo Dr. Manuel Arriaga, Tel. 292 202 120, Fax 292 202 129, www.bensaude.pt. Günstige Lage am Hafen, gutes Fitness- und Wellnessangebot (allerdings ohne Pool), 97 moderne Zimmer. OOO

Fayal Resort Hotel, Rua Cônsul Dabney, Tel. 292 207 400, Fax

292 207 450, www.investacor.com. Im Grünen über der Stadt gelegene, weitläufige Anlage mit sehr schönem Ausblick. Außen- und Innenpool, Jacuzzi, Sauna. ○○○

▮ **Pousada Santa Cruz,** Rua Vasco da Gama, Tel. 292 202 200, Fax 292 392 836, www.pousadas.pt. In der historischen Festung Santa Cruz (s. S. 53), 26 Zimmer und Suiten mit hohem Standard, Außenpool. ○○○

▮ **Residencial São Francisco,** Rua Cons. Medeiros 13, Tel. 292 200 980, Fax 292 200 985. Zimmer mit Meerblick wählen! Den Frühstücksraum zieren blauweiße Azulejos. ○○

▮ **Residência Neves,** Rua Commendador Macedo 7, Tel./Fax 292 292 564, www.residencianeves.com. Klassisches portugiesisches Interieur mit viel dunklem Holz. Besonders schön: das Dachzimmer mit Gaube; ruhig. ○

O Barão, Alameda Barão de Roches 21, Tel. 292 292 124. Bei einheimischen Geschäftsleuten sehr beliebt. So, Mo geschl. ○○○

▮ **Canto da Doca,** Rua Nova d. Angústias, Tel. 292 292 444. Fleisch, Fisch und Meeresfrüchte gart man selbst auf dem »heißen Stein«. Nur die Beilagen kommen aus der Küche. Tgl. geöffnet. ○○

▮ **O Capote,** Avenida Marginal, Tel. 292 293 295. Huhn, Fisch, Fleisch vom Holzkohlegrill, Panoramablick über den »Canal« zum Vulkankegel des Pico. Tgl. geöffnet. ○○

▮ **A Árvore,** Rua da Conceição 23, Tel. 292 392 500. Schlemmen am Buffet zum Festpreis. Mo geschl. ○–○○

▮ **Quebra Mar,** Avenida Marginal, Tel. 292 292 458. Geräumiges Szene-Lokal, stets gut besucht – kein Wunder bei der hervorragenden Küche und dem schönen Blick auf Pico aus der ersten Etage. Di geschl. ○–○○

São Miguel

Karte Seite 58

Stille Kraterseen und heiße Quellen

Grün und blau schimmern die Seen in den längst ruhenden Kratern von Sete Cidades und Lagoa do Fogo. Aus heißen Quellen im Tal von Furnas sprudelt Mineralwasser, und in unmittelbarer Nähe garen in der Hitze der Erde leckere Gerichte. Von zahllosen Aussichtspunkten schweift der Blick bis zum Meer. Die letzten Teeplantagen Europas liefern handsortierten Tee.

Ein Drittel der Landfläche der Azoren (759 km²) und fast die Hälfte der Bevölkerung (ca. 130 000 Einw.) machen São Miguel zur mit Abstand größten Insel des Archipels. Die Besichtigung erfordert Zeit: 1–2 Tage für die Autotour (160 km) durch den Ostteil und die Mitte der Insel sowie einen knappen Tag für den Westen. Ausgangspunkt ist jeweils Ponta Delgada (s. S. 34 ff.).

Töpferstadt Lagoa ❶

Lagoa (8 km ab Ponta Delgada) ist das Zentrum der Keramikindustrie. In den Gebäuden der **Fábricia Cerâmica Vieira** lassen sich die Töpfer über die Schultern schauen. Außer Gebrauchsgeschirr wie Schüsseln und Tassen stellen sie kunstvoll bemalte und gestaltete Fliesen *(Azulejos)* her. Rua das Alminhas 10–12; Fabrik und Verkauf: Mo–Fr 9–12, 14–18 Uhr, Verkauf auch Sa 9–12.45 Uhr.

Borda d'Água, Largo do Porto 52, Tel. 296 912 114. Das wohl renommierteste Fischlokal

Karte Seite 58

von São Miguel, mit schöner Terrasse am Hafen. ○○○

Abstecher nach *Caloura ❷

Bei Água de Pau, 16 km, lohnt es sich, in den Villenort Caloura abzubiegen. Im Ortsteil **Baixa de Areia** (Wegweiser »Praia«) wartet am winzigen Fischerhafen neben einer Bar in der ehemaligen Hafenfestung ein traumhafter Meerespool, dominiert von himmelhohen Klippen. Am Fuß der Felsen kann man es den schwarzgrauen Eidechsen gleich tun und auf den großen, rund geschliffenen Lavasteinen ein Sonnenbad am Meer nehmen.

Den Hafen überragt die **Igreja Nossa Senhora da Conceiçao** (17. Jh.), ein Kleinod des azorianischen Barock. Von oben bis unten ist sie mit Fliesen ausgekleidet, die das Leben der Heiligen Philipp von Neri und Teresa von Avila erzählen. Seit Mitte des 16. Jhs. stand hier ein Nonnenkloster. Die Schwestern bekamen vom Papst in Rom die Baugenehmigung und die heute auf São Miguel hoch verehrte Büste des Senhor Santo Cristo dos Milagres zum Geschenk (s. S. 39). Das Kloster wurde später wegen der ständigen Gefahr von Piratenüberfällen nach Ponta Delgada verlegt.

Caloura Hotel Resort, Tel. 296 960 900, Fax 296 960 909, www.calourahotel.com. Freizeitorientierte, moderne Anlage mit Schwimmbad, Sauna und Reitgelegenheit. ○○–○○○

Quinta Altamira, Tel. 296 913 980, Fax 296 913 889, www.azoren-altamira.de. Bungalows für bis zu 6 Personen in einer weitläufigen Parkanlage nahe am Meer, mit Pool und Tennisplatz, unter deutscher Leitung. ○–○○

Karte Seite 58

Bucht von Praia

Zurück auf der Nationalstraße, kann man vom **Miradouro do Pisão,** 21 km, einen letzten Blick hinunter auf Caloura werfen. Dann taucht in der weit geschwungenen Bucht von Praia einer der schönsten und längsten Sandstrände von San Miguel auf, an dem sich nur ein einziges Gebäude erhebt: der Hotelkomplex des Bahia Palace.

Hotel Bahia Palace, Agua d' Alto, Tel. 296 539 130, Fax 296 539 138, www.hotelbahiapalace.com. Etwa 100 Zimmer mit viel Komfort, fast alle mit Meerblick. ○○○

Vila Franca do Campo ❸

Auf einem flachen Uferstreifen *(campo)* gegründet, war das Fischerstädtchen (5000 Einw.), 26 km, die von Zöllen freie *(franca)* erste Hauptstadt der Insel. 1522 zerstörte ein Erdbeben die schmucken Kirchen und stolzen Häuser der Händler und Edelleute. Die Reichen wanderten nach Ponta Delgada ab, der Status der Hauptstadt ging verloren.

Das Anfang des 17. Jhs. wieder aufgebaute Gotteshaus **São Miguel** überstrahlt heute das Zentrum mit seinen engen Gassen. Ein Jachthafen und der erste **Aquapark** der Azoren zeugen von einer touristischen Entwicklung. Idyllisch liegt die winzige Vulkaninsel **Ilhéu de Vila Franca** im Meer. Der halboffene Krater ist ein idealer Pool. Juni–Sept. fährt ein Ausflugsboot hinüber (Mo–Sa 6-mal tgl., So, Fei fast stündlich; pro Fahrt 2,50 €).

Hotel Marina, Rua Eng. M. A. Martins Mota, Vinha D'Areia, Tel. 296 539 200, Fax 296 539 219, www.maisturismo.pt/marina.

Karte Seite 58

Im Tal von Furnas: Grüne Wiesen bedecken vulkanischen Untergrund

Modernes Haus am Jachthafen; ansprechende regionale Architektur, alle Zimmer mit Balkon. ❍❍

O Jaime, Rua Teófilo Braga 108, Tel. 296 582 419. Regionale Küche, schönes Gartenambiente. ❍❍

500 m nördlich von Vila Franca thront die **Igreja Nossa Senhora da Paz** inmitten grüner Hügel. Die Treppe hinauf führt vorbei an Fliesenmalereien, die die »Madonna des Friedens« darstellen. Oben bietet sich ein herrlicher *Ausblick über Meer und Stadt.

Im Tal von Furnas

In Serpentinen schlängelt sich die Straße in das Tal von Furnas. Genau genommen ist das Tal der Kessel eines 6,5 km breiten Kraters, umfangen von der Kulisse wild zerklüfteter Felsen.

Nach dem Campingplatz in einem Waldstück öffnet sich der Blick auf die **Lagoa das Furnas ❹**. Im Wasser des Sees spiegelt sich die neugotische Silhouette der **Ermida de Nossa Senhora das Vitórias** (19. Jh.). Sie soll eine verkleinerte Ausgabe der Kathedrale von Chartres darstellen. Die weit gereiste Großgrundbesitzerfamilie Do Canto engagierte einen Architekten aus Paris, um mit der Errichtung einer Kapelle ein Gelübde zu erfüllen.

Die Einheimischen nennen die Lagoa das Furnas scherzhaft auch den »Nachttopf der Insel«. Ganz andere Töpfe sitzen am Rand des Sees (folgen Sie dem Wegweiser »Caldeiras«), wo nach faulen Eiern riechender Schwefeldampf durch die Luft zieht. In der **Caldeira de Pero Botelho** blubbert kochender Schlamm wie in einer Hexenküche. Unweit davon sieht man Familien, die in Erdlöchern in der Wärme ihren *cozido* (Eintopf) kochen.

In rund 2 Std. lässt sich der See zu Fuß umrunden. Auch ein Wanderweg von der Lagoa das Furnas zum Pico do Ferro (s. S. 61) ist ausgeschildert.

Der Kurort **Furnas ❺

Wer Ruhe sucht, gerne wandert und in warmem Thermalwasser badet, der ist in Furnas, 45 km, richtig. Am Nordrand des Ortes ziehen schwefelige Dunstschwaden durch die Luft. Dort brodeln die kochend heißen Quelltöpfe der *caldeiras* – letzte Zeugen einer vergangenen vulkanischen Tätigkeit. Etliche Brunnen mit heilkräftigem Wasser sprudeln in der Nähe.

Karte Seite 58

4 Mitten im Ort speisen warme Quellen ein teichartiges Thermalbad im **Parque Terra Nostra.** Gäste des angrenzenden Hotels Terra Nostra und Parkbesucher (für letztere Eintritt 2,50 €; nur Mo–Sa 9.30–18.30 Uhr) ziehen dort im braungelben Mineralwasser ihre Runden. Riesige Araukarien und Sicheltannen werfen ihre Schatten über gewundene Kanäle, aus Grotten plätschern Wasserfälle in Teiche. Ein Rundgang streift einen Obelisken für den 1896 verstorbenen Marquês da Praia e de Montforte. Kanarische Palmen, unter deren Wedel sich Fledermäuse eingerichtet haben, säumen den runden Platz. In einer Gartenvilla im Parque Terra Nostra kombiniert Dirk Petersen (s. S. 9) fernöstliche Heilmethoden mit einer Thermal-Kur gegen Übersäuerung, Rückenprobleme und Alltags-Stress (Informationen Mo–Fr 18–20 Uhr unter Tel. 914 708 500, Fax 296 584 014, slevoyre-thermal@sapo.pt).

Ein weiteres Kleinod der Gartenkunst nach englischem Vorbild ist mitten im Ort der **Parque Beatrice do Canto** (nur im Aug. tgl. 9–17 Uhr zugänglich).

Der beschilderte Wanderweg Trilho do Pico da Areia führt von Furnas in 2 Std. zur Küste nach **Ribeira Quente.** Unterwegs lädt ein Panorama-Aussichtsturm zur Vogelbeobachtung ein, am Ende wartet ein schöner Strand mit vulkanisch erwärmtem Wasser (s. S. 8).

Posto de Turismo, Rua Dr. Frederico Moniz Pereira 14, Tel. 296 584 525. Mo–Fr 9–12.30, 14–17.30 Uhr.

Hotel Terra Nostra Garden, Rua Padre José Jacinto Botelho 5, Tel. 296 549 090, Fax 296 549 099, www.bensaude.pt. Der alte Flügel von 1934 ist im Art-déco-Stil eingerichtet, im neuen Anbau weisen fast alle Zimmer zum Garten. ○○○

Domus Adepta, Rua Dr. Augusto Arruda 12, Tel./Fax 296 584 354, www.domus-adepta.com. Turismo Rural. Die elegante Jugendstil-Dekoration in dunklen Holztönen entspricht der Bauzeit des Hauses Anfang des 20. Jhs; Salon mit Kamin, hübscher Garten. ○○

O Miroma, Rua Dr. F. Moniz Pereira 15, Tel. 296 584 422. Spezialität ist *cozido nas caldeiras* (s. S. 60 unten). Mi geschl. ○○

Tony's, Largo do Teatro 5, Tel. 296 584 290. Fisch- und Fleischgerichte, von Einheimischen gern frequentiert. Tgl. geöffnet. ○○

4 km nördlich von Furnas liegt ein Golfplatz. Nach der Zufahrt biegt eine Straße zum Aussichtspunkt auf dem **Pico do Ferro** (544 m) ab.

Povoação

Povoação, 60 km, das Zentrum des Südwestens, glänzt durch eine von restaurierten Stadthäusern gesäumte Fußgängerzone mit Cafés, Geschäften und Restaurants. Auch die Strandpromenade ist nicht ohne Reiz. Erste Siedler hatten sich im 15. Jh. hier niedergelassen. Ein Denkmal im Stadtgarten erinnert daran, dass man damals angeblich zunächst einen Ziegenbock aussetzte. Als dieser nach einigen Tagen noch lebte, verlor die Schiffsbesatzung ihre Furcht und ging an Land. Das erste Gotteshaus der Insel wurde 1630 durch ein Erdbeben zerstört. An seiner Stelle erhebt sich heute unmittelbar am Meer die **Igreja Nossa Senhora do Rosário** mit einem prächtigen Portal (17. Jh.).

Karte Seite 58

Die Gemeinde hat **12 Wanderwege** ausgewiesen, z. B. an der Küste nach Ribeira Quente (s. S. 61; rot-gelbe Markierungen; 2 Std.). Die anspruchsvollste Tour führt auf den Pico da Vara (s. S. 63; mit Rückweg 8 bis 9 Std.). Infos im Rathaus (Largo do Município, Tel. 296 585 549).

Hotel do Mar, Rua Gonçalo Velho 2, Tel. 296 550 010, Fax 296 550 015, www.hoteldomar.com. Komfortzimmer mit Balkon und Meerblick. Beheizter Pool, Jacuzzi. ○○

Jardim, Largo Dom João I 3/5, Tel. 296 585 413. Inseltypische Küche. Tgl. geöffnet. ○○

In einer ehemaligen Wassermühle residiert das **Museu do Trigo** (Weizenmuseum), das auch Insel-Souvenirs (Keramik, Likör) verkauft (Di–Fr 10–12.30, 14–17, Sa, So 11–14.30 Uhr; Eintritt frei).

Rund um die Ostspitze

Den Ostteil der Insel bei Terra Chã und **Água Retorta ❻**, 75 km, bezeichnen die Einheimischen als *Decima Ilha,* die »zehnte Insel«. Die Berghänge stürzen einige hundert Meter fast senkrecht in den Atlantik, mit jeder der Bergrippen wechselt das Panorama.

Am **Miradouro Ponta da Madrugada** bietet sich ein 180-Grad-Blick wie aus einem Flugzeugcockpit. Eine Schlucht trennt den paradiesischen Ort vom **Miradouro da Ponta do Sossego,** 78 km, einer gepflegten Parkanlage mit Grillplätzen.

Nach **Pedreira ❼**, 77 km, führt ein Abstecher (7,5 km) zum **Pico Bartolomeu.** Bei klarem Wetter genießt man vom Gipfel (887 m) einen großartigen Rundblick.

Von der Asphaltstraße zum Gipfel zweigt eine Erdstraße zur **Quinta das Queimadas** ab. In dem Landsitz aus dem 19. Jh. werden Zimmer vermietet. Die ländliche Umgebung kann man zu Pferd oder zu Fuß erkunden. Tel. 296 488 578, www.quintadasquemeidas.com. ○

Nordeste ❽

Am Ortseingang, 80 km, wartet der **Miradouro da Vista dos Barcos.** Von der Platanen-Terrasse blickz man zum Leuchtturm an der Ponta do Arnel. Der subtropische **Jardim Botânico da Ribeira do Guilherme** lädt mit Teich und Wassermühle zum Schlendern ein.

Stoffherstellung ist seit langem die Spezialität der Gegend. Exponate dazu präsentiert das **Museu Municipal de Nordeste** bei der Kirche (Mo–Fr 10–12.30, 14–17.30 Uhr; Eintritt frei), in der **Casa do Trabalho** erlebt man Frauen live beim Spinnen und Weben (Mo–Fr 9–12, 13–17 Uhr).

Am nördlichen Ortsrand windet sich ein Sträßchen zur weitläufigen Badeanlage **Piscina da Boca da Ribeira.**

Estalagem da Quinta dos Clérigos, Rua dos Clérigos 1, Tel. 296 480 100, Fax 296 480 109, www.bensaude.pt. Modernes Landhotel mit Meerblick und Pool. ○○○

Tronqueira, Rua da Tronqueira, Tel. 296 488 292. Regionale Küche; Garten mit Meerblick. Tgl. geöffnet. ○–○○

An der Nordküste

Von **Algarvia ❾**, 94 km, führt ein Weg zum **Pico da Vara.** 1982 wurde das Gebirge unter Naturschutz gestellt. Nur

Karte Seite 58

Die Teeplantagen von Gorreana überziehen die Landschaft mit üppigem Grün

hier findet der *priôlo,* der Azorengimpel (s. S. 16), noch ausreichend Knospen und Samen, sodass er auch brütet. Daher darf der Berg nur mit Genehmigung bestiegen werden (erhältlich beim Serviço Florestal in Ponta Delgada, Rua do Contador 23, Tel. 296 286 288, sfpd@drrf.raa.pt). Das erste Stück kann man fahren; danach sind es noch 1,5 bis 2 Std. Fußmarsch zum Gipfel.

Mitten in **Achadinha** ⑩, 108 km, dient die Plattform um die Igreja de N. S. do Rosário (16. Jh.) als Aussichtsterrasse. Am Ende einer Stichstraße lässt das herrliche Panorama am **Miradouro do Salto da Farinha,** 110 km, staunen. Im Taleinschnitt stürzt ein Wasserfall 40 Meter in die Tiefe.

Von **Salga,** 111 km, kann man auf einer Asphaltstraße hinauf zum **Salto do Cavalo** (805 m) und, mit Blick bis zur Lagoa das Furnas, weiter nach Furnas fahren (s. S. 60).

Lomba da Maia ⑪, 120 km, war einst Zentrum der Tabakverarbeitung. Blätter für ein gesünderes Genussmittel wachsen bei **Gorreana** ⑫, 127 km, auf einer der beiden letzten Teeplantagen Europas:

5 In stolzen Lettern schmückt der Produktname »Chá Gorreana« das Fabrikgebäude der ***Plantações de Chá Gorreana** inmitten grüner Teesträucher. Wie in einem lebenden Museum entstehen hier jedes Jahr 35 bis 40 Tonnen Tee mit uralten Maschinen aus England. 1883 legte der aus Deutschland ausgewanderte Priester Christian J. Hintze den Grundstein. In der chemiefreien Pflanzung wird zwischen April und September gepflückt. Beim Auslesen der Blätter schafft eine flinke Arbeitskraft knapp 4 kg am Tag (Tel. 296 442 349, www.gorreana.com; Mo–Fr 8–12, 13–17 Uhr).

Solar de Lalém, Maia, Estr. de São Pedro, Tel. 296 442 004, Fax 296 442 164, www.solardelalem.com. Nostalgic und antikes Mobiliar im Adelssitz von 1687, rundum idyllische Landschaft, deutsche Leitung. ❍❍

Von **Ribeirinha** ⑬ führt ein Abstecher in den nostalgischen Kurort **Caldeiras** ⑭. In dem lange geschlossenen Thermalbadehaus von 1811 kann man nun wieder heiße Wannenbäder genießen (s. S. 9). Oder man belässt es beim Blick in das kochend heiße, dampfend-schwefelige Vulkanwasser, das im Steinbecken nebenan aufgefangen wird.

Caldeiras, beim Kurhaus, Tel. 296 472 244. Spezialität ist der in Erdwärme gegarte *cozido,* den man vorbestellen muss. Mo geschl. ❍

Karte Seite 58

Ribeira Grande ⑮

Die zweitgrößte Stadt (10 000 Einw.) von São Miguel, 142 km, besitzt viel Charme. Der namengebende Fluss mit Wassermühlen wurde in eine Parkanlage einbezogen. Rundum gruppieren sich Rathaus, Theater und die barocke Heiliggeistkirche.

In der alten Fischmarkthalle dokumentiert das **Museu da Emigração Açoriana** die Auswanderung nach Amerika (Mo–Fr 8.30–12.30, 13.30 bis 16.30 Uhr; Eintritt frei).

Alljährlich am 29. Juni finden die *Cavalhadas de São Pedro* statt: In rote Umhänge gehüllt, reiten »Petrus« und seine Anhänger auf geschmückten Pferden durch die Gassen. Die aus dem Mittelalter überlieferten Turniere sind auf Azulejos im Rathaus dargestellt (Besichtigung auf Anfrage).

Prämiert ist der Maracujalikör der **Fábrica de Licores Mulher de Capote,** den man hier im Rahmen einer Fabrikführung kostenlos probieren und in dekorativen Flaschen auch direkt erwerben kann (Rua Berquó 12, Tel. 296 472 831, http://mulherdecapote.com; Mo–Sa 9–12, 13–18 Uhr).

Quinta de Santana, Rabo de Peixe, Canada da Meca, Tel. 296 491 241, Fax 296 492 577, www.virtualazores.com/quinta-santana. Stilvolles Landhaus mit großem Obstgarten, nahe dem Golfplatz Azalea. Pool und kleines Restaurant. ❍❍

Sieben Städte in Flammen

Es war einmal ein König, der sehr traurig war, keine Kinder zu haben. Daher regierte er sein Volk äußerst grausam, obwohl er im Grunde ein guter Mensch war. Eines Abends versprach ihm eine Lichtgestalt eine Tochter, doch sollte er sie vor ihrem 30. Geburtstag nicht sehen. So würde er genügend Zeit haben sich zu ändern. Die Prinzessin sollte in sieben stark befestigten Städten (Sete Cidades, s. S. 66) aufwachsen, und sollte der König versuchen, sie vor Ablauf der 30 Jahre zu sehen, müsste er mit seinem Tod und dem Untergang seines Reiches dafür bezahlen.

Der König freute sich sehr und versprach, die Bedingungen zu erfüllen. Wenig später kam die Prinzessin zur Welt. Die Jahre vergingen, und der Vater sehnte sich immer mehr nach seiner Tochter. Als nur noch zwei Jahre fehlten, konnte er nicht mehr warten und machte sich auf den Weg. Je näher er den sieben Städten kam, desto mehr begann die Erde zu beben. Voller Wut stürmte der König die Festung. Die Erde erzitterte, der Boden brach auf, riesige Flammen wurden herausgeschleudert und eine gewaltige Flutwelle riss die ganze Insel weg. Nur neun felsige Inselflecken, die Azoren, blieben übrig.

Der Ort, an dem die Prinzessin lebte, verwandelte sich in die Caldeira das Sete Cidades. Das Wasser im einen Teil ist grün (Lagoa Verde), da dort ihre Pantoffeln liegen, der andere schimmert blau (Lagoa Azul), weil dort ihr Hut vom Grund herauf leuchtet.

Karte Seite 58

Alabote Mar, Rua East Providence (Nähe Schwimmbad), Tel. 296 473 516. Der Schmortopf mit Wrackbarsch *(cataplana de cherne)* ist superb. Tgl. 12–2 Uhr. ○○–○○○

Eine gute Straße führt hinauf zum **Pico Barrosa** ⑯. Dampf zischt aus den Rohren des geothermischen Kraftwerks. 5 km ab Ribeira Grande, folgt rechts die Abzweigung zur **Caldeira Velha.** Heißes Wasser füllt im Wald ein gemauertes Badebecken (s. S. 9). Die Anlage wurde parkartig gestaltet mit gefassten Fumarolen, Picknickplatz und Infotafeln zu Flora und Geologie.

Tief im Vulkankrater von 1563 säumen Sandstreifen die tintenblaue ***Lagoa do Fogo,** zu sehen vom ersten Parkplatz am Kraterrand. Die herrliche Aussicht auf Meer und Kratersee ermöglicht der Parkplatz am Gipfel. Zur Südseite der Insel windet sich die Straße nach Lagoa; von dort E1 nach Ponta Delgada, 160 km.

Rundtour im Inselwesten

Kohleschwarzes Lavagestein gab dem **Miradouro do Pico do Carvão** ⑰, 14 km, seinen Namen. Vulkankegel überdecken die Niederung, die die früher getrennten Inselteile verbindet.

Sete Cidades ⑱

Der **Miradouro da Vista do Rei,** 20 km, eröffnet aus 550 m Höhe wahrlich einen »Königsblick« über einen der schönsten Landstriche der Azoren: In der 12 km messenden ****Caldeira das Sete Cidades** ruhen die blaue Lagoa Azul und die grüne Lagoa Verde am Fuß fast senkrechter Kraterwände. Eine Straße führt in den Kessel hinab. Ein weiteres Mal lässt sich der Blick vom **Miradouro do Cerado das Freiras,** 25 km, genießen. Kurz darauf schaut man von einer Parkbucht links zu dem großartigen, von Wald umgebenen Kratersee **Lagoa de Santiago.** Die märchenhafte Landschaft der »sieben Städte« regte von jeher zu Legenden an (s. S. 64).

Der Ort **Sete Cidades,** 28 km, wirkt ruhig. Typisch sind die sog. *espigueiros,* kleine, auf Pfählen stehende Getreidespeicher. Diese Bauweise verhinderte das Eindringen von Mäusen und bot früher Schutz vor Überschwemmungen. Schmuck erhebt sich die neugotische Pfarrkirche **São Nicolão** am Ortsrand.

O Arado, Rua Caridade 21, Tel. 296 295 301. Im Sommer beliebtes Familien-Ausflugsziel. Deftige Inselküche. Tgl. geöffnet. ○–○○

Im Nordwesten ist ***Mosteiros** ⑲, 41 km, häufig der Brandung ausgesetzt. Doch den attraktiven schwarzen Strand schützt ein Ensemble von Felsen, die sich zu einem »Kloster« (port. *mosteiro*) mit »Mönchen« gruppieren. In der Umgebung haben sich viele deutsche Aussteiger niedergelassen.

Rückweg nach Ponta Delgada

Von Palmen umgeben ist **Santo António** ⑳, beim Ort steht noch eine der wenigen erhaltenen Windmühlen.

Vom **Miradouro do Santo António** blickt man über die 20 km lange Bucht vor Ribeira Grande. In der Umgebung von **Capelas** ㉑, 66 km, zeugen viele Quintas von der Zeit des lukrativen Orangenanbaus. Die kleine **Oficina Museu M. J. Melo** dokumentiert altes Handwerk und es gibt Blumenbilder von Manuel João Melo zu bestaunen (Mo–Fr 14–18 Uhr; Eintritt 2 €). Danach erfrischt ein Bad im wildromantischen alten Walfängerhafen vor der Rückfahrt nach Ponta Delgada, 80 km.

Karte Seite 68

Santa Maria

Märchenhafte Stille um zwei Strände

Elegant geschwungene Hügelkämme streben von Osten auf die Inselmitte zu, türmen sich dort zum 587 m hohen Pico Alto auf und neigen sich im Westen Santa Marias in einer steppenartigen Ebene dem Meer zu. Aus der Höhe nehmen sich die 97 km², deren vulkanischer Ursprung kaum sichtbar ist, recht übersichtlich aus. Besuchermagneten sind die weißen Sandstrände von Praia und São Lourenço.

Die »festliche« Insel

Entdeckungsdatum und Name des Entdeckers von Santa Maria sind ungewiss: 1427 oder 1432, Diogo de Silves oder Gonçalo Velho Cabral. Vielleicht hatte Portugal die Insel fünf Jahre vor seinem Erzfeind Spanien geheim gehalten. Sicher ist, dass die Insel nach dem Festtag Mariä Himmelfahrt am 15. August benannt wurde. Vielleicht ankerten die Schiffe auch schon einen Tag vorher an der Küste. Jedenfalls gilt der 15. August 1432 als offizielles Endeckungsdatum und wird dementsprechend gefeiert.

Vila do Porto ㉒

Der Hauptort liegt auf einem schmalen Bergrücken. Wer von den 3000 Einwohnern nicht direkt an der 2 km langen Hauptstraße wohnt, lebt schon im Außenbezirk der Stadt. Wie die Perlen einer Kette reihen sich Kirchen, Restaurants, Läden und Büros aneinander. Abends werden die gepflasterten Gehsteige, die mit Muschel-, Delfin- und Karavellenornamenten verziert sind, zur Flaniermeile. Die historischen Gebäude machen deutlich, dass sich fast die ganze Geschichte der Insel hier abspielte.

Auf das 15./16. Jh. geht die Stadtkirche **Nossa Senhora da Assunção** zurück, die an ihren Portalen gotischen und manuelinischen Dekor bewahrt hat. Innen sind flämische Bilder aus dem 16. Jh. zu sehen. Werke des 17. Jhs. sind das frühere Kloster **Santo António** und die **Igreja do Senhor dos Passos.** Vergoldete Schnitzereien und Kacheln (17. Jh.) machen die **Igreja de Nossa Senhora da Vitória** sehenswert. Am Ende der Hauptstraße wacht seit dem 17. Jh. das **Forte São Brás** über den Hafen.

Untrennbar ist die Stadt mit ihrem Flugplatz verbunden, zumal dort der 1946 gegründete **Clube Asas do Atlântico** residiert. Ein Billardzimmer, eine Bibliothek sowie eine Bar mit tiefen schwarzen Ledersesseln helfen, die Wartezeit angenehm zu überbrücken. Drei Türen weiter sendet eine winzige Radiostation täglich 16 Stunden Programm. Draußen nagt der Zahn der Zeit an diversen Gerätschaften. In den tonnenförmigen Wellblechhäusern der Amerikaner, die zum Teil noch bewohnt sind, herrscht im Sommer eine unbeschreibliche Hitze.

Etwas Besonderes hat Victor Fontes Chaves links nach dem Ortseingang von Vila do Porto gebaut. Hinter dem Haus des Azorianers steht eine funktionstüchtige **Windmühle,** wie sie früher überall auf Santa Maria zu sehen waren. Gerne führt Herr Chaves Besucher in sein von Mehlstaub durchdrungenes Reich und gibt auf Englisch fachkundige Auskunft (Tel. 296 882 289).

Karte Seite 68

Posto de Turismo, Aeroporto de Santa Maria, 9580-419 Vila do Porto, Tel. 296 886 355, Fax 296 882 449.

Flüge: SATA-Büro, Rua Dr. Luis Bettencourt, Tel. 296 886 501.
Schiffsverbindung: Juni–Sept. Autofähre der Atlântico Line ca. 2-mal pro Woche nach **Ponta Delgada** (São Miguel) mit Anschluss an die anderen Inseln des Archipels.
Busverbindung: Flughafen (Mo–Fr u. Sa-Vormittag stdl.), São Pedro/Santa Bárbara/Santo Espírito (Mo–Fr 2-mal tgl.); Sa seltener, So keine Busse. Abfahrt am Rathaus (Largo N. S. da Conceição).

Hotel Praia de Lobos, Rua M. Assunção, Tel. 296 882 286, Fax 296 882 482, www.hotelpraiadelobos.com. Geschmackvoller Neubau im azorianischen Stil mit großen, komfortablen und etwas plüschig im Retro-Look eingerichteten Zimmern. Ruhige Lage, Restaurant im Haus. ○○
▮ **Casa de Hóspedes Travassos,** Rua Dr. Luís Bettencourt 108, Tel. 296 882 831. Mitten im Ort gelegen findet man fünf einfache Zimmer mit Etagen-WC. ○

A Canoa, Rua de Cotovelo, Tel. 296 882 691. Guter Fisch in maritimem Ambiente. Di geschl. ○○
▮ **Atlântida,** Rua Teófilo de Braga 71, Tel. 296 882 330. Traditionelle Küche mit Schwerpunkt Fischgerichte. ○○

Forte de São Brás, in der Festung über dem Hafen. Szenecafé mit minimalistischem Dekor. Di–So 20–2 Uhr.

Ausflug nach Anjos ㉓

Der **Pico Alto** lässt sich mit dem Auto in einem halben Tag umrunden. Sternförmig führen Stichstraßen zu den Stränden und Ortschaften am Meer, so auch zur kleinen Küstenebene von Anjos, 8 km. Hier ging einst Kolumbus an Land, woran ein Bronzedenkmal erinnert. Gegenüber stehen ein Torbogen und Mauerwerk der **Ermida N. S. dos Anjos** aus der Zeit des Ent-

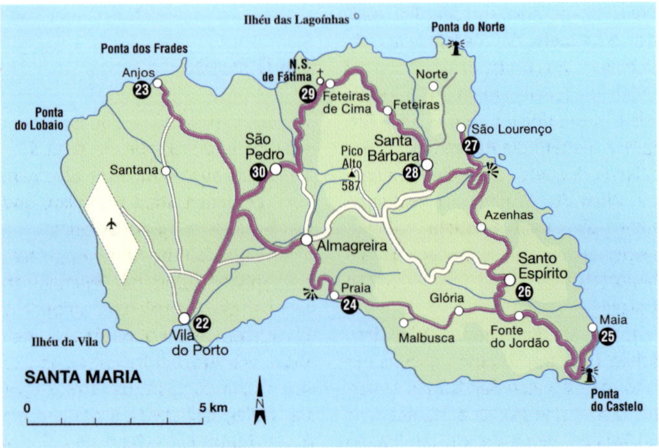

Karte Seite 68

Eine wahre Panoramastraße begleitet im Südosten die Küste

Bis an die Baía de São Lourenço reichen die Weinterrassen

deckers. Daneben wurde 1883 zum 400. Jahrestag des prominenten Besuchs ein Nachbau errichtet. Am Hafen von Anjos lädt eine hübsche Badeanlage zum Verweilen ein, eine Bar versorgt Hungrige mit Snacks.

7 *Praia ㉔

In Almagreira geht es rechts nach Praia, 18 km. Kurz vor dem Ort zeigt der **Miradouro da Macela,** was ein richtiger Aussichtspunkt ist. Tief unten zwischen sattem Grün liegen wie hingeworfen ein paar Häuser. Terrassen klettern die Hänge hinauf. Der Atlantik donnert gegen die Promenade. Auch die Mauern der Festungsruine **São João Baptista** (16. Jh.), neben der ein paar Kanonen vor sich hinrosten, versuchen der Brandung zu trotzen.

Unten erzählt eine Bäuerin, dass schon Touristen verärgert abgefahren sind, da sie einen Sandstrand erwartet haben. Den gibt es auch, aber nur im Sommer, wenn der Atlantik Tonnen feinkörnigen Sandes anschwemmt – tagsüber ideal zur Entspannung für die Gäste des internationalen Musikfestivals »Maré de Agosto« (s. S. 25).

Mar e Sol, Tel. 296 884 499, Fax 296 884 316. Kleines Aparthotel direkt am Strand, alle 10 Apartments mit Meerblick. ○

Praia Formosa, Praia Formosa, Tel. 296 884 965. »In«-Strandlokal mit lockerer Atmosphäre. Köstlich sind frischer Wrackbarsch oder Hähnchen mit Piripiri. Nur im Sommer. ○○

Die Ostseite

Im Südosten Santa Marias ist wieder jeder Meter der Straße ein Aussichtspunkt, und aus 250 m Höhe über dem Meer gewinnen **Maia** ㉕, 31 km, und sein Leuchtturm Spielzeugformat.

In **Santo Espírito** ㉖, 39 km, einem inseltypischen Dorf mit Windmühlen und barocker Pfarrkirche, informiert das **Museu de Santa Maria** über den Abbau von Ton, der früher auf andere Inseln exportiert wurde, sowie über die Heiliggeistfeste (s. S. 17) und die Verarbeitung von Leinen und Flachs

Karte Seite 68

(Di–Fr 9–12, 14–17, Sa/So 14–17 Uhr; Eintritt 1,50 €).

Schon vor dem Ort sollte man den **Miradouro do Espigão** nicht verpassen: In ***São Lourenços** ㉗ Sandstrand und den wenigen in der Sonne funkelnden Häusern tief unten säumen einem Amphitheater ähnlich Hunderte von Weinterrassen die Hänge.

O Ilheu, Praia de São Lourenço, Tel. 296 884 383. Einfaches Strandlokal, superfrischer Fisch. ❍

Über den Inselrücken

Mitten im Hochland leuchten die weißen Häuser von **Santa Bárbara** ㉘, 50 km. Einheitlich blaue Fenster- und Türstöcke geben dem Ort eine heitere Note, die durch die pfiffigen runden Kamine auf den Dächern noch unterstrichen wird. Auch die Kirche aus dem 16. Jh. gibt sich farbenfroh: Rosafarbene und hellblaue Seitenaltäre lachen dem Besucher entgegen.

Im Norden der Insel thront auf einem Hügel die Wallfahrtskirche **Ermida Nossa Senhora de Fátima** ㉙, 55 km. Ein wenig Kondition ist vonnöten, um durch ihre Fenster zu schauen oder die herrliche Aussicht genießen zu können: 15-mal elf Stufen sind zu überwinden – für jede Perle des Rosenkranzes eine.

Auf dem Weg zurück nach Vila do Porto liegt **São Pedro** ㉚, 59 km. Die gleichnamige schmucke Kirche aus dem 18. Jh. wartet mit einer Besonderheit auf. Fein gemalte Azulejo-Bilder, die von verschiedenen Familien gestiftet wurden, stellen die 14 Kreuzwegstationen dar.

Rosa Alta, Tel. 296 884 990. Noch ein Geheimtipp, Regionalküche vom Feinsten. Mo geschl. ❍❍

Terceira und Graciosa

Im Namen des hl. Geistes

Fröhliche Feste prägen den Sommer auf Terceira. Vor den unzähligen, farbenfrohen Heiliggeisttempeln werden in Gelagen die Heiliggeistsuppe und der Rindereintopf Alcatra verspeist. Außerdem gehört dazu der aromatische Vinho de cheiro. Höhepunkte einer Inseltour sind ein Spaziergang durch das verträumte Hafenstädtchen Praia da Vitória, ein Ausflug in den erkalteten Vulkankegel der Höhle Algar do Carvão sowie ein Blick in endlose Weiten vom Rücken der Serra do Cume. Für einen Ausflug über das Wasser bietet sich zudem die kleine, für ihren Wein berühmte Nachbarinsel Graciosa an.

Die Ilha Terceira

Von Porto Judeu nach Porto Martins

Im Osten von Angra (s. S. 43 ff.) durchquert die Küstenstraße vor Feteira aufgelassene Weinparzellen, ehe man **Porto Judeu** ㉛, 11 km, erreicht. Imposant in der Brandung stehen die **Ilhéus das Cabras,** zwei riesige Lavaklötze eines zerbrochenen Kraters.

Boca Negra, Largo Santo António, Tel. 295 905 182. Kleines, inseltypisches Lokal. Spezialität: *alcatra de peixe* (Fischschmortopf). Mi geschl. ❍❍

Die historisch bedeutende **Baía da Salga** (s. S. 71), eine einladende Bucht mit Campingplatz und Meerwasser-

Karte Seite 72

schwimmbad, schwingt in die Landzungen Ponta das Cavalas und Ponta das Contendas aus. Der Wind biegt das Schilf im Naturschutzgebiet, Möwen kreischen in der Luft.

In ***São Sebastião** ㉜ ist die älteste Kirche der Azoren zu besichtigen, Baubeginn war 1455. Wertvolle, aber leider arg bröcklige Fresken im Inneren zeigen die Heiligen Barbara, Martin und Maria Magdalena neben den winzig dargestellten Stifterfiguren in den Kostümen ihrer Zeit. In provozierender Nähe zur Kirche steht gegenüber der vielleicht farbenprächtigste Heiliggeisttempel Terceiras.

Baden und Picknick – dafür ist **Os Salgueiros** ㉝, 19 km, der passende Haltepunkt. Eine große Terrasse ist für Zelte hergerichtet (Juni–Sept.; gratis). Mehr Trubel als Romantik verspricht der als Badeanlage ummauerte Lavasteinstrand des nahen **Porto Martins,** 22 km.

Nach (Vila) Praia da Vitória ㉞

Vom Cabo da Praia, 26 km, reicht der längste Sandstrand der Insel bis zur alten Fischermole von **(Vila) Praia da Vitória**, 30 km. Hier trug sich 1829 die legendäre Seeschlacht zu, bei der die Liberalen den entscheidenden Sieg über die Anhänger von König Miguel I. errangen (s. S. 21). Seither trägt die Stadt den Beinamen »da Vitória«. Eine Statue der Siegesgöttin auf dem Hauptplatz erinnert daran. Weiter oben thront die 1517 geweihte Igreja Matriz de Santa Cruz. Eine Treppe führt hinauf zum ruhigen Kirchplatz.

Dank der Nähe zum Insel-Flughafen und der US-Militärbasis in Lajes geht es in Praia (7000 Einw.) genauso lebhaft zu wie in der Hauptstadt Angra. Davon zeugen die quirlige Rua de Jesús und der stets gut besuchte Badestrand.

Schiffsverbindungen: Juni–Sept. Autofähren von Atlântico Lines 1-mal pro Woche nach **Graciosa, Horta** (Faial), Velas (São Jprge) **Madalena** (Pico), **Ponta Delgada** (São Miguel), **Vila do Porto** (Santa Maria) und **Lajes** (Flores; s. auch S. 33).

Hotel Teresinha, Praceta Dr. Machado Pires 45, Tel. 295 540 060, Fax 295 542 202, www.hotelteresinha.net. Zweckmäßige Zimmer in ruhiger Lage. Der Garten lädt zum Sonnenbaden ein. ❍

Schlacht bei Salga

Im Morgengrauen des 25. Juli 1581 stapften mehr als 1000 ungebetene Gäste in der Baía da Salga an Land. Sie kamen mit zehn Segelschiffen unter dem Kommando des Kapitäns Pedro Valdez auf der Suche nach Landeplätzen. Zwei Wochen zuvor hatten sie bereits die Hauptstadt Angra mit einem Kugelhagel aus den Schiffskanonen überfallen. Die Bewohner von Salga wehrten sich nach Leibeskräften gegen die aufdringlichen Spanier. Allen voran kämpften die schöne Brianda Pereira und der Augustinermönch Frei Pedro. Die entscheidende Wende brachte schließlich eine aus der Not geborene Idee: Mit Geschrei und Musketenschüssen jagten die Einwohner von Salga einige hundert in aller Eile von den Weiden zusammengetriebene Stiere auf die Feinde. Zu Tode erschrocken wichen die Spanier zum Strand zurück und versuchten schwimmend die Schiffe zu erreichen.

Karte Seite 72

O Pescador, Rua Constantino J. Cardoso 11, Tel. 295 513 495. Muscheln, Wrackbarsch oder Stockfisch munden aus der *cataplana,* einer riesigen Deckelpfanne. So geschl. ○○–○○○

▮ In der Fußgängerzone sind Gebäck und heiße Getränke im **Café Teresinha** besonders gut. Rua de Jesus 89, Mo–Sa 6–24, So 7–12 Uhr. ○

Zur Inselmitte

Über Fontinhas geht es auf den Bergrücken der ***Serra do Cume** ㉟, 39 km. Das Gitternetz der Felder und Wiesen breitet sich über die sanften Hänge bis nach Angra. Bei **Queimadas** schwingen die Golfer ihre Schläger.

Mit 3 km Durchmesser und einem absolut ebenen Boden ist die heute grüne **Caldeira de Guilherme Moniz** der älteste erhaltene Einsturzkrater von Terceira.

8 Ein Bergsteigermonument markiert die Zufahrt zum ***Algar do Carvão** ㊱, 54 km. Der 100 m tiefe, höhlenartige Vulkanschlot bekam den Namen »Kohlengrube«, weil sein Gestein porös und pechschwarz wie Steinkohle erscheint. Die spärliche Beleuchtung schafft eine geisterhafte Szenerie (16. April–31. Mai und 1. bis 31. Okt. tgl. 15–17.30, 1.–30. Juni und 1.–30. Sept. tgl. 14.30–17.45, 1. Juli bis 31. Aug. tgl. 14–18 Uhr; Anf. Nov.–Mitte April geschl.; Eintritt 3,50 €).

Ein Gefühl dafür, wie nahe das aktive Erdinnere ist, vermitteln die heißen Schwefeldämpfe der frei zugänglichen ***Furnas do Enxofre** ㊲. Aus Spalten und Ritzen im Boden quellen Dampfschwaden mit beißendem Geruch.

An der Nordküste

Den honigfarbenen Aperitif *verdelho* serviert Fernando Brum im Museu do Vinho von ***Biscoitos** ㊳, 67 km. Holzfässer mit dem Saft der auf Lavaboden gereiften Trauben ruhen in der Adega, die sein Großvater 1890 gründete. Gerne erklärt er im Weinmuseum die alten Gerätschaften (Str. nach Angra, Tel. 295 908 404; Sommer Di–So 10 bis 12, 13–17.30, Winter Di–So 10–12, 13–16.30 Uhr; Eintritt frei).

Unweit der Weinparzellen landen bei der Ponta dos Biscoitos Fischer *imperadores* und *chernes* (s. S. 29) an. Nebenan lockt mit den **Piscinas Naturais** die wohl schönste Felsbadeanlage der Azoren ins kühle Nass (mit Bar, Umkleidekabinen und Duschen; siehe auch S. 9).

Mariscos, Porto dos Biscoitos, Tel. 295 908 228. Fangfrische Fische und Meeresfrüchte aller Art. Mo geschl. ○–○○

Karte Seite 72

Im Museu do Vinho von Biscoitos

Auf dem Heimweg vom Maisfeld

5 km Richtung Osten sorgt die idyllisch stille Badeanlage im Taleinschnitt bei **Quatro Ribeiras** ㊴ für Erfrischung. Ein Bach *(ribeira)* trieb hier früher hölzerne Mühlräder an, das Gemäuer der Wassermühle steht noch an Ort und Stelle.

Wer bei **Altares** ㊵, 72 km, dem handgeschriebenen Schild mit den roten Lettern »Telhas regionais« folgt, trifft auf Hirminio Cordeiro. Er fertigt hinter grauen Fabrikmauern seit über 40 Jahren in liebevoller Handarbeit rund 300 Dachziegel pro Tag, heute

Karte Seite 72

unter Mithilfe seines Sohnes. Gebrannt werden die Ziegel in Holzöfen vor der Fabrik.

An der Westküste nach Angra

An der **Ponta do Raminho,** 75 km, sollte man zu Fuß einem weißen Pfeil bis zu einem weiß getünchten Häuschen folgen. Dort wiederholt sich (fast) jeden Abend, wenn der Glutball der Sonne unter den Horizont sinkt, ein berauschendes Farbenspiel.

300 m weiter weist eine gelbe Tafel den Pfad hinunter zum Meer. Wer lieber per Auto ans Ufer fahren möchte, folgt wenig weiter an der Asphaltstraße dem Fahrweg zum Leuchtturm **Ponta do Queimado** ㊶, einem bevorzugten Platz der einheimischen Angler.

Am Nordrand von **Serreta** ㊷, 86 km, erblickt man gleich hinter den Brunnen und Bänken des dortigen Picknickplatzes den Zugang zu den Sicheltannen- und Eukalyptuswäldern des Naturparks **Mata de Serreta,** der sich am Fuß der Serra de Santa Bárbara erstreckt.

Gegen die Invasion der Spanier wurde in **Porto Negrito,** 105 km, im 16. Jh. das Forte do Negrito errichtet. Heute belagern Scharen junger Ver-

Heiliggeisttempel

Im Mittelpunkt der **Festas do Espírito Santo** stehen kleine, an Kapellen erinnernde Tempel aus dem 19. Jh., deren Symbol Taube und Krone sind. Auf Terceira gibt es die meisten: 60 *impérios,* von denen keines dem anderen gleicht, werden alljährlich von den Dorfbewohnern herausgeputzt. Kübelweise aufgepinselte Farbe lässt die *teatros do Espírito Santo* wie buntscheckige Zuckerkuchen aussehen.

Eine Legende berichtet, dass Gott im 13. Jh. der portugiesischen Königin Isabel im Traum befahl, eine Kirche zu Ehren des Heiligen Geistes zu bauen. Am nächsten Morgen machte sie sich mit zwei Steinmetzen auf die Suche nach einem geeigneten Ort. Als sie einen schönen Platz ausgewählt hatten, bemerkten sie, dass die Grundmauern der Kirche bereits standen. Die zwei Handwerker machten sich sofort ans Werk. Erfreut über den Fortschritt der Arbeiten, schenkte die Königin am Abend beiden zum Dank eine Rose. In den Händen der Männer verwandelten sich die Blumen jedoch in Goldmünzen.

Bis heute wird Königin Isabel, die Frau von König Dinis (1279–1325), als Wohltäterin der Armen und Kranken, als die Rainha Santa, die »Heilige Königin«, verehrt. Sie krönte um 1300 die ersten »Bauernkaiser« *(imperadores),* die während des Heiliggeistfestes Essen für die Armen besorgen mussten.

Auf dem Festland hielt sich dieser Brauch nur in wenigen Orten, auf den Azoren jedoch ist die *Festa do Espírito Santo* besonders lebendig. Und einmal im Leben ein *imperador* zu sein, ist der Wunsch vieler Azorianer. Nur ganz billig ist das Ehrenamt nicht, denn inzwischen müssen nicht nur die Armen, sondern das ganze Dorf oder der Stadtteil mit Essen und Trinken freigehalten werden.

Karte Seite 72/76

Heiliggeisttempel von São Bartolomeu

Windmühle auf Graciosa

gnügungssuchender die Kneipen und Liegeplätze um das Naturschwimmbecken (Jugendherberge s. S. 32).

Der Rhythmus eines Fischerdorfs lässt sich in **São Mateus da Calheta** ㊸, 106 km, hautnah miterleben. Am Hafen werden die Holzboote an Land gezogen, Angelhaken präpariert und Fische verkauft, bis die Männer nachts wieder aufs Meer hinausfahren.

Beira Mar, Porto de São Mateus, Tel. 295 215 188. Hervorragender Fisch in einfachem Ambiente, Blick auf den Hafen. Tgl. geöffnet. ○○

Orangenbäume und Weinreben säumen das idyllische Anwesen **Quinta do Martelo** in der Gemeinde São Mateus, 5 km westlich von Angra, ein Doppelschornstein markiert das Hauptgebäude des Centro Etnográfico e Gastronómico. Die Gästezimmer sind im Landhausstil des 19. Jhs. eingerichtet. Das Frühstück wird in einer schönen Küche mit offener Kochstelle und handgetöpferter Keramik serviert. Im Restaurant (Mi Ruhetag) spielen jeden Sonntag und Dienstag Folkloremusiker auf, wenn *alcatra*, Maisbrot und *vinho de cheiro* aufgetischt werden. Besucher erleben hier die Azoren so urtümlich wie kaum irgendwo sonst. Infos: Quinta do Martelo, Canada do Martelo 24, 9700-576 Angra do Heroismo, Tel. 295 642 842, Fax 295 642 841, www.quintadomartelo.com. ○○–○○○

Die Ilha Graciosa

In nur 20 Minuten fliegt der Besucher in das Landleben der kleinsten Insel der zentralen Gruppe (per Fähre 4 Std.). Die »Anmutige« misst gerade einmal acht auf zwölf Kilometer.

Santa Cruz da Graciosa ㊹

Schnell ist man in dem gemütlichen Hauptstädtchen mit den Einheimischen an der **Praça Fontes Pereira de Melo** bekannt. Die zwei großen Becken, auf denen nun Enten paddeln, versorgten früher die Bewohner der trockenen Insel mit Wasser.

Karte Seite 76

Wofür Graciosa einst bekannt war, zeigen die hölzernen Weinpressen im **Museu da Graciosa.** Außerdem gewinnt man dort im ersten Stock einen Eindruck davon, wie frühere Generationen wohnten. Zum Museum gehört die *barracão da canoa,* in der ein Walfängerboot der Companhia Baleeira Cristóvão da Mota Soares von 1954 zu sehen ist (Rua das Flores, Tel. 295 712 429; Mo–Fr 9–12.30, 14 bis 17.30, Sa, So 14–17 Uhr, Okt.–April Sa, So geschl.; Eintritt 1 €).

Hinter der Igreja Santo Cristo führt ein wildromantischer Fußweg den Vulkan **Monte da Ajuda** (129 m) hinauf. Drei Einsiedlerkapellen stehen am Kraterrand. Von der komplett mit Azulejos ausgekleideten **Ermida N. S. da Ajuda** (Schlüssel beim Pater der Igreja Matriz) blickt man auf das Städtchen und die Bucht Cruz da Barra.

Zur Probe von Rot-, Weißwein, orangerotem Aperitif und klarem *aguardente* lädt das Weingut **Terra do Conde** unweit des Residencial Ilha Graciosa (s. u.), ein. Rund 30 000 l werden hier jährlich produziert (Tel. 295 712 192; Mo–Fr 8–17 Uhr).

Posto de Turismo, Rua Castilho 7, 9880-377 Santa Cruz da Graciosa, Tel. 295 712 509, Fax 295 732 446. Mo–Fr 9–12.30, 14 bis 17 Uhr.

Flughafen: Aérodromo da Graciosa, 1,5 km westlich von Santa Cruz (Zentrum), Tel. 295 712 458;
▮ SATA-Büro, Rua Dr. João de Deus Vieira, Tel. 295 712 456.
Busverbindungen: Praia (Mo–Fr 7-mal tgl., Sa 1-mal), Carapacho (Do 3-mal u. Juli–Sept. Di und Fr je 2-mal) und weitere.

Residencial Ilha Graciosa, Av. Mousinho de Albuquerque 49, Tel. 295 712 675, Fax 295 712 776, E-Mail: gracitur@grwonline.com. Rustikales Landhaus mit zwei Tennisplätzen. ❍

Apolo 80, Rua Dom João IV, Tel. 295 712 660. Hier serviert man die Inselspezialität *peixe à molho de pescador* – in einer Weinessigsauce im Ofen geschmorter Fisch. ❍❍
▮ A Coluna, Largo Barão de Guadalupe, Tel. 295 712 333. Brasilianisch inspirierte Hausmannskost; man isst wie in einer privaten Wohnstube. So geschl. ❍❍
▮ Costa do Sol, Largo da Calheta, Tel. 295 712 694. Inseltypisches Lokal in Hafennähe, günstige Mittagsgerichte. Tgl. geöffnet. ❍

Rundfahrt auf Graciosa

Für eine gemütliche Inseltour z. B. per Taxi muss man nicht mehr als einen halben Tag einplanen. Gut Englisch spricht der Taxifahrer Elder Espínola (Tel. 295 712 505 oder 295 712 576).

In **Praia** ㊺, dem Haupthafen der Insel, sollte man am Ortseingang bei der »Pastelaria Queijadas da Graciosa« halten, um die berühmten *queijadas* zu probieren, s. S. 11, 29). In Zwölferkartons erhält man die Spezialitäten für ein Panoramapicknick am nahen **Morro Senhora da Saúde.**

Schiffsverbindungen: Juni–Sept. Autofähre von Atlântico Line 1- bis 2-mal wöchentlich zu den anderen Inseln des Archipels (außer Corvo; s. S. 33).

Unweit von Canada durchschneidet ein Tunnel den Kraterrand der **Caldeira,** die den ganzen Süden der Insel einnimmt. 184 Stufen einer steinernen Wendeltreppe erschließen die ***Furna do Enxofre** ㊻. In die Nase dringt der Geruch von Schwefel *(enxofre)*, nur das dumpfe Blubbern eines Geysirs durchbricht die Stille der Höhle. Echorufe verhallen im Halbdunkel über der 100 m tiefen Lagoa do Styx. Mühelos fände in dem weit gespannten Gewölbe von 80 m Höhe eine Boeing 737 Platz. Zwischen 11 und 14 Uhr scheint die Sonne in den Eingang und lässt die Lichtreflexe des unterirdischen Sees an der Höhlendecke tanzen. Taschenlampe und festes Schuhwerk sind unerlässlich (Fr–Mi 11–16 Uhr).

Von außen lernt man die Caldeira auf einem 5 km langen Panoramaweg kennen, der auf halber Höhe um den Vulkankegel verläuft.

Vom Leuchtturm Ponta da Restinga hoch auf der Klippe sieht man hinunter zu den ***Termas do Carapacho** ㊼. Die Thermalquelle speist Wannenbäder, die Linderung von Rheuma versprechen. Außerdem wird das Wasser in ein Bassin geleitet, daneben schwappt das Meer in eine Felsenbucht. Rundherum kann man sich in der Sonne aalen (s. S. 9).

São Jorge

Karte Seite 78

Grünes Gebirge

Wie ein urzeitlicher Dinosaurier bäumt sich São Jorge aus dem Meer auf. Das kräftige Rückgrat mit seinen Wirbeln aus erloschenen, grasüberwucherten Vulkankegeln ragt mehr als 1000 Meter über die Wellen. Bis zur inselhöchsten Spitze, dem Pico da Esperança (1053 m), grasen schwarzweiß gescheckte Kühe. Sie liefern die Milch für den weithin bekannten Käse (s. S. 10). Die schönsten Wanderungen mit Ausblicken zu den Inseln der zentralen Gruppe führen entlang von Hortensienhecken aus dem Bergland hinunter, vorbei an imposanten Wasserfällen, zu den Fajãs, den fruchtbaren Küstenebenen am Fuß der mit Baumheide bestandenen, steilen Flanken.

Velas ㊽

Die über das Meer her Ankommenden empfängt seit 1799 das **Portão do Mar** am Hafen der Hauptstadt (2000 Einw.). Noch vor Ende des 15. Jhs. hatte die Siedlung den Stadtbrief erhalten.

Die **Igreja Matriz de São Jorge** wurde im 17. Jh. über einer Kirche von 1460 errichtet, die Heinrich der Seefahrer hatte erbauen lassen. Im geschnitzten, vergoldeten Altar (16. Jh.), einem Geschenk des Königs Sebastião, steht stolz der Namenspatron der Insel: Sankt Georg. Links neben dem Altar hinter einer schlichten Holztür schlummern im **Museu de Arte Sacra** Heiligenfiguren und Devotionalien (Mo bis Fr 9.30–12, 14–17 Uhr; Eintritt frei).

Über die Rua do Roque Afonso gelangt man zum **Jardim Botânico.**

Karte Seite 78

Fischer an der Südküste

Hier führen verschwiegene Wege zwischen Hecken und unter einer Weinpergola hindurch, an Kastanien, Bananenstauden und Orangenbäumchen vorbei.

Posto de Turismo, Rua Cons. Dr. José Pereira 3, Tel. 295 412 440, Fax 295 412 491. Mo–Fr 9–12.30, 14–17.30 Uhr.

Flughafen: Aeroporto Queimada, 7 km, Tel. 295 412 395;

SATA-Büro, Rua de Santo André, Tel. 295 412 125.

Schiffsverbindungen: Mitte Juni bis Mitte Sept. Personenfähre von Transmaçor 2-mal tgl. nach **Horta** (Faial) über **Cais do Pico** und **Madalena** (Pico), in der Vor- und Nachsaison nur 2- bis 3-mal wöchentlich. Mitte Juni bis Mitte Sept. außerdem 4-mal wöchentlich nach **Angra** (Terceira). Außerdem Juni–Sept. Autofähre der Atlântico Line 1- bis 2-mal pro Woche zu den anderen Inseln des Archipels (außer Corvo; s. S. 33).

Busverbindungen: Rosais (Mo–Fr 2-mal tgl., Sa 1-mal), Calheta/Topo entlang der Südküste (Mo–Fr 1-mal tgl.), Norte Pequeno/Calheta entlang der Nordküste (Mo–Fr 1-mal tgl.).

Hotel São Jorge Garden, Rua Machado Pires, Tel. 295 430 100, Fax 295 412 736. www.hotelsjgarden.com. Meeresrauschen und Blick zum Pico inbegriffen. ○○

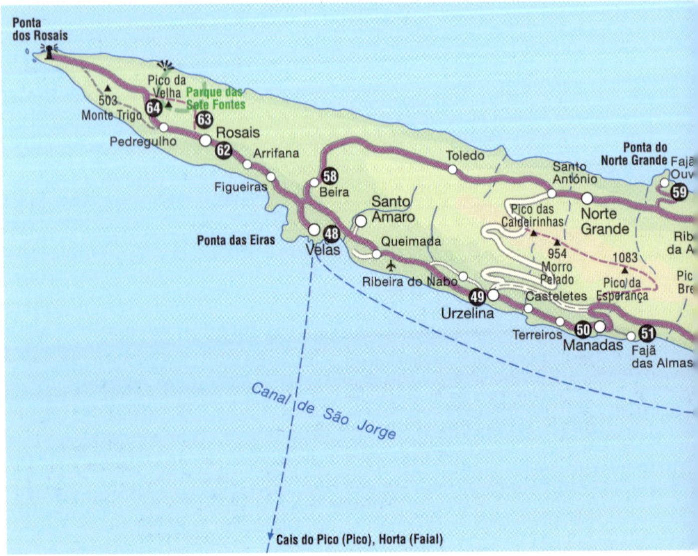

Karte Seite 78

▮ **Residencial Neto,** Rua Dr. J. Pereira 12, Tel. 295 412 403, Fax 295 412 333, www.acores.com/residencialneto. In einem alten Handelshaus am Hafen; mit Pool. Familiär. ❍

Açor, Largo João Pereira, Tel. 295 412 362. Modernes Lokal am Kirchplatz, wo immer etwas los ist. Fisch- und Fleischspezialitäten vom Grill. Tgl. geöffnet. ❍❍

▮ **Cervejaria São Jorge,** Rua Maestro F. Lacerda, Tel. 295 412 861. Beliebtes Lokal mit schlichter Ausstattung und köstlicher Regionalküche, z. B. Napfschnecken *(lapas)*. Tgl. geöffnet. ❍❍

▮ **Velense,** Rua Dr. José Pereira, Tel. 295 412 160. Nettes Restaurant über der Bar, Muscheln auf Bestellung (s. S. 83). Tgl. geöffnet. ❍

Für Inseltouren empfiehlt sich ein Taxi (Liste beim Posto de Turismo erhältlich; Tagestour ca. 100 €).

An einem Tag lässt sich die Nordseite mit Rosais und Sete Fontes erkunden, an einem weiteren der Süden zwischen Velas und Topo.

Urzelina 49

Urzela, ein Flechtengewächs zum Färben, gab dem 900-Seelen-Ort, 10 km, den Namen. Seit einem Vulkanausbruch 1808 ragt von der Kirche nur noch der Glockenturm aus der erstarrten Lava. 1822 wurde der Neubau der Pfarrkirche *(paróquia)* fertig gestellt.

Fast so sicher wie in der türkisen **Piscina** (Wegweiser) schwimmt man am Badeplatz *(balneario)* des Hafenbeckens. Das **Centro de Exposição Rural,** ehemals ein Lagerhaus, zeigt Vergangenes: Utensilien alter Handwerksberufe, z. B. von Schuhmachern, Weinbauern und Zimmermännern. Früher lagerten hier Orangen für den Export nach Europa (falls geschlossen, in der Casa do Povo nachfragen).

Karte Seite 78

Mauern und Hortensienhecken umgeben die Hochlandweiden

Camping: Schattiger Platz auf einer weiten Grasterrasse über den Lavafelsen der Küste. Tel. 295 414 401; Juni bis Sept.

Manezinho, östlich des Hafens, Tel. 295 414 484. Man bedient sich am köstlichen Buffet und speist im sanften Schatten einer Pergola auf einer Terrasse am Meer; auch à la carte. Mo geschl. ○○

Die **Cooperativa de Artesanato** verkauft in Ribeira do Nabo, einige km außerhalb, Handarbeiten: Tücher und Wandteppiche (Mo–Fr 9 bis 12, 14–17 Uhr; Tel. 295 414 357).

Von Manadas nach Calheta

So unscheinbar und vergessen **Manadas** 50 (500 Einw.), 14 km, am Berghang wirkt, so sehr überrascht seine herrliche **Igreja Santa Bárbara.** Goldschimmernde und farbige Ornamente überziehen die Wände unterhalb der gedunkelten Zedernholzdecke mit den Bildern der Heiligen Barbara und Georg sowie der Taube des Heiligen Geistes. Ein wunderschöner Holztisch von 1799 ziert den ältesten Teil der Kirche, der heute Sakristei ist. Die Einlegearbeiten der Platte – Turm, Krone, Schwert und Märtyrerpalme – symbolisieren den Lebensweg der Kirchenpatronin, die sich einer Zwangsverheiratung widersetzte, zum Christentum konvertierte und später von ihrem Vater getötet wurde (Mo–Fr 9–12, 14 bis 17 Uhr; Schlüssel in dem Haus neben dem *império*).

Oberhalb von **Fajã das Almas** 51, 17 km, endet unvermittelt der asphaltierte *Caminho da Fajã.* Begleitet vom Wellenrauschen, lädt der hundert Meter tiefer gelegene Ort mit seinen drei Dutzend Häusern zum Spazierengehen und Verweilen am Meer ein.

Vor **Biscoitos** 52, 24 km, rascheln vier Platanen an einem kleinen Platz mit Steinbänken im Seewind, im Herbst vermischt sich der Duft der Wiesen mit dem der reifenden Maiskolben, die nach der Ernte zum Trocknen aufgestapelt werden. Das I-Tüpfelchen im beschaulichen Ensemble ist der schmucke *império* von 1886.

Calheta 53

Sehenswertes muss in dem kleinen Ort, 28 km, erst entdeckt werden, etwa wenn die Fischer Muränen, Brassen und Einsiedlerkrebse aus ihren Holzbooten laden. Das **Museu de São Jorge** an der Uferstraße Rua J. A. da

Auf den flachen Fajãs begann die Besiedelung von São Jorge

Cunha ermöglicht den Blick in die Hauswirtschaft von anno dazumal: Man sieht handgefertigte Keramik, Holzgefäße, Waschzuber, Spinnräder (Mo–Fr 9–12.30, 14–17.30 Uhr).

Schiffsverbindungen: Mitte Juni bis Mitte Sept. Personenfähre von Transmaçor 4-mal wöchentlich nach **Horta** (Faial) über **Velas** und **Pico** sowie nach **Angra** (Terceira).

9 **Fajãs

Der über den Inselrücken verlaufende Gebirgszug hat bis zum heutigen Tag den Verkehr zwischen Nord und Süd erschwert. Die Topografie hätte die Kolonisation verhindert, wären da nicht die breiten Schwemmfächer am meerseitigen Ende der steilen Kerbtäler. Nur wenige Meter über dem Meerespiegel gelegen, sind die *fajãs* fruchtbare schmale Landstreifen. Landwirtschaft und damit eine bescheidene Besiedlung waren hier möglich. So wurden die *fajãs* zu wichtigen Zwischenstationen bei der Erschließung der Insel.

Residencial Solmar, Rua Domingos d'Oliveira, Tel. 295 416 120, Fax 295 416 564. Frisch renovierte Pension, zentrale Lage, erstes Haus am Platz. ❍–❍❍

Camping: Parque de Campismo da Calheta, Tel. 295 416 711, www.aventour-net.com. Alle üblichen Einrichtungen, außerdem Naturschwimmbecken, Zelt- und Fahrradverleih, Internetzugang, zur Bar umfunktionierte Windmühle. Juni–Sept.

Karte Seite 78

O Picaroto, Fajã Grande, Portinho 2, Tel. 295 416 511. Schlicht, aber bei den Einheimischen sehr beliebt. Im Sommer füllt sich die Terrasse. Tgl. geöffnet. ❍

Ribeira Seca 54 und Umgebung

In Ribeira Seca, 32 km, wo noch Ochsenkarren durch die Gassen quietschen, blickt man über die Südküste des Inselostens: Die grünen Hänge scheinen kopfüber ins Meer zu kippen. Aus dem 18. Jh. stammt die Kirche São Tiago Maior. Architektonischer Höhepunkt ist die **Casa Gaspar Silva.** Sie ist das einzige im französischen Kolonialstil erbaute Haus der Azoren. Die Fassade ist komplett mit Azulejos überzogen, Giebel wie auch Traufe strotzen von kunstvoll geschnitzten Holzgesimsen. Gaspar Silva war ein aus Hawaii zurückgekehrter Auswanderer, der in der Fremde große Reichtümer angehäuft hatte.

Ribeira Seca liegt am Rande einer landwirtschaftlich geprägten Region mit alten Steinhäusern und kleinen Feldern. Minzeduft liegt in der Luft, Bauern ziehen mit milchkannenbeladenen Eseln vorüber. Im einsamen **Fajã dos Vimes** 55 (7 km östlich) füllen sich einmal im Jahr, am 16. Juli, bei der

Karte Seite 78

Von São Jorges Nordküste stammt der berühmte Käse

Prozession zu Ehren der Nossa Senhora do Carmo die Straßen.

In der **Casa de Artesanato** (über dem Café Nunes) fertigen zwei Frauen an altertümlichen Webstühlen *colchas de ponto alto* – die geometrisch gemusterten Wandteppiche (S. 27). Ihr Webraum steht zu Besichtigung und Einkauf offen. Tgl. 8–20.30 Uhr.

Zur Ostspitze

Reichliche Aussichten hinunter zu den drei Ortsteilen von Loural und zu den *fajãs* bietet ein *Mirante*, 40 km, auf dem Inselrücken. In **Cruzal** (56), 49 km, bei der Brücke, mahlt noch eine Wassermühle Mais. Kurven ziehen hinunter zum letzten Zipfel von São Jorge. **Ilhéu do Topo,** das Inselchen vor der Insel, ist Naturschutzgebiet und Brutplatz für Seevögel.

In **Topo** (57), 56 km, nahm die Kolonisierung auf São Jorge ihren Anfang. Um 1470 landete hier der flämische Edelmann Wilhem van der Hagen. Er gründete die Ortschaft, ließ sich endgültig hier nieder und nannte sich fortan Guilherme da Silveira (Wilhelm vom Wald). Topo war ab 1510 Sitz der Bezirksverwaltung, 1543 übernahm Calheta diese Rolle. Unbedingt sollte man die steilen Serpentinen zum alten Walfängerhafen hinuntergehen. Die Brandung schliff hier eine Grotte in die roten Lavaklippen.

O Baleeiro, São Pedro (1 km nördlich von Topo). Schlichtes Lokal mit leckerer, bodenständiger Küche. ○

Von Velas an die Nordküste

Die Hallen der nahe gelegenen **Cooperativa Leitaria* in **Beira** (58), 3 km nördlich von Velas, gehören zur ältesten Käsefabrik Portugals (1927 gegründet; s. S. 10). Im nahe gelegenen Kühlhaus der *Uniqueijo,* der Vereinigung aller Käse produzierenden Genossenschaften von São Jorge, lagern die wohlschmeckenden Milchprodukte der Insel, bis sie den richtigen Reifegrad für den Export erreicht haben. Das Kühlhaus kann besichtigt werden (Mo–Fr 9–12.30, 13.30–17.30 Uhr).

Als schwarzer Fächer stößt die **Fajã do Ouvidor** (59), 22 km, ins aufgewühlte Meer vor. Brecher branden am Hafen über die Zacken der zerfurchten Lava und hinterlassen darin ein perlendes Wasserspiel aus tausend Rinnsalen, winzigen Wasserfällen und Tümpeln.

Amilcar, am Hafen, Tel. 295 417 448. Deftige Inselküche, frischer Fisch vom eigenen Boot. Einladend ist die Terrasse. Tgl. geöffnet. ❍

In **Norte Pequeno** (60), 31 km, trocknen fast immer frisch gespülte Milchkannen vor der *Cooperativa Agrícola de Lacticínio* in der Sonne. Ein Besuch dort mit Käseprobe lohnt auf jeden Fall. Über zum Teil verfallene Häuser ragt in **Fajã dos Cubres** (61) (30 Einw.), 36 km, die Igreja Nossa Senhora da Lourdes (1908). In ihrem Innenraum überrascht ein Kuriosum: eine mit Korkrinde ausgekleidete Nische in einer rosa marmorierten Altarwand.

Richtung Westen

Kurz nach der Kirche von **Rosais** (62), 6 km westlich von Velas, gelegen, zweigt die Straße in den **Parque das Sete Fontes** (63) ab. Die Skulptur eines Walfängerbootes trägt die auf Fliesen gemalte Kopie des Gemäldes *Os Emigrantes* von Domingos Rebelo (das Original hängt in Ponta Delgada im Museu Carlos Machado; s. S. 40). Daneben erhebt sich eine Kapelle. Picknicktische stehen unter Baumfarnen, Quellen spenden Wasser, Vögel zwitschern. Am Wochenende erfreuen sich einheimische Kinder an dem kleinen Wildgehege.

Zwei Aussichtspunkte liegen ganz in der Nähe. Am ersten schweift der Blick rund 300 m über den Wellen der Nordküste über die Bergflanken, die teils gespenstisch aus dem Dunstschleier der See aufsteigen. Der zweite, **Pico da Velha** (64) (493 m) auf dem Inselrücken, bietet v. a. abends ein grandioses Panorama der lichtüberfluteten Hochebene in Richtung Velas.

Karte Seite 78

Casa de Campo Correia, Rosais, Ribeira do Belo 9, Tel./Fax 295 432 210, www.casacorreia.com. Drei rustikal möblierte Zimmer in traditionellem Natursteinhaus. Patio mit Pool. Schön für Wanderer. ❍❍–❍❍❍

Wandertouren

São Jorge ist ein Paradies für Wanderer. Auf der Wanderung auf Feldwegen vom Parque das Sete Fontes zur **Ponta dos Rosais** im äußersten Westen der Insel (3–4 Std.) sind kaum Höhenunterschiede zu bewältigen. Sicheren Tritt und festes Schuhwerk hingegen erfordert der Abstieg von 700 Höhenmetern auf steinigen Pfaden zu den *Fajãs* (s. S. 81) im Norden (4–5 Std.). Er beginnt an der Nationalstraße, etwa 9 km östlich von Biscoitos, und endet an der Kirche von **Faja dos Cubres** ((61)). Unterwegs passiert man die Fajã da Caldeira do Santo Cristo, in deren Strandsee – einzigartig auf den Azoren – Miesmuscheln leben. Sie dürfen nur in geringen Mengen geerntet werden und stehen daher selten auf den Speisekarten (s.S.79).

Die höchsten Gipfel, darunter den 1083 m hohen **Pico da Esperança,** erschließt eine mittelschwere Höhenwanderung (Erdpiste; 3–4 Std.). Ausgangspunkt ist die höchste Stelle der Straße von Urzelina nach Santo António; die Tour endet in Manadas ((50)).

Karte Seite 86

Faial

Ilha azul

Blühende Hortensien hüllen Faial im Sommer in ein blaues Kleid. Dann strömen die Besucher mit täglichen Flügen von Lissabon hierher. Die Insel ist das Sportparadies schlechthin, sei es Segeln, Surfen, Walbeobachtung, Tauchen, Trekking, Reiten oder Mountainbiken. Während die riesige Caldeira im Zentrum der Insel längst ruht, führt die Westspitze von Faial lebendigen Vulkanismus vor Augen.

Strände nördlich von Horta

Hortas Uferstraße geht in eine Bergstraße über, die sich den Monte da Espalamaca (130 m) hinaufwindet. Von einem *Miradouro,* 3 km, blickt man auf Stadt und Küste: **Praia do Almoxarife** (65), 8 km, ist Faials Badeparadies schlechthin – allerdings nur im Sommer bei ruhiger See! Eine Promenade begleitet den gleichnamigen dunklen Sandstrand, den längsten der Insel. Abgeschlossen wie eine Badeanstalt wirkt die schmucke kleine **Praia dos Inglêses.** Auch im kleinen Fischerhafen von **Pedro Miguel,** 11 km, kann man ins Wasser hüpfen.

Vila Bélgica, Lomba, Estrada da Caldera, Tel./Fax 292 392 614, www.azoresvilabelgica.com. Idyllisch mit Blick auf Pico. Leihräder, Shuttle-Service nach Horta. ❍–❍❍

Cavalo Marinho, Largo Coronel Silva Leal 8, Tel. 292 949 550. Der Kölner Henry Boysen kocht international: Pasta mit frischen Kräutern, asiatische Currys, ungarisches Gulasch. Tgl. ab 19 Uhr. ❍❍

Von Ribeirinha nach Cedros

Ribeirinha (66), 18 km, verdankt seinen Namen einem Bach, der zwischen hohem Schilf durch die Felder gurgelt. Am leuchtend gelben *império* des Ortes beginnt der Weg (1 km) zum Leuchtturm an der **Ponta da Ribeirinha.** Meer, Weiden und die Insel Graciosa liegen den Besuchern zu Füßen.

Vom Leuchtturm führt eine schmale Höhenstraße am Meer entlang nach Espalhafatos, 22 km. Bei **Salão** verweist ein Schild auf den Porto, einen wildromantischen und windumtosten Platz an der Steilküste.

Cedros (67)

Das lang gezogene Straßendorf, 31 km, liegt an einem flachen Hang hoch über dem Meer. Im **Núcleo Etnográfico** werden Gerätschaften traditioneller Landwirtschaft und Handwerkskunst gezeigt (Ortsmitte, Schlüssel 50 m weiter in der Casa do Povo).

Bei der Molkerei an der Hauptstraße zweigt ein Erdweg zur **Vigia dos Cedros** ab (10 Gehminuten) Dieser einstige Walbeobachtungsposten auf dem Hügel der Ponta dos Cedros gewährt einen Einblick in das Berufsbild des Walfängers (Anmeldung: Sociedade Baleia à Vista, Rua Ten. Valadim, Horta, Tel. 292 292 327).

Casa do Capitão, Cedros, Rua do Capitão 5, Tel. 292 946 106, Fax 292 946 107, www.casadocapitao.net. Liebevoll restaurierte Bauernhäuser, familiär geführt; man spricht Deutsch. Mitte Juni bis Mitte Sept. geöffnet. ❍❍

O Esconderijo, Rua Joan Alves 3, Tel. 292 946 505. In einem renovierten Bauernhaus

Karte Seite 86

Schwarze Steinmurmeln überziehen die Praia do Almoxarife

An der Ponta dos Capelinhos wuchs Faial durch einen Vulkanausbruch

serviert ein Schweizer vorzügliche Steaks und Pasta. Mi–So abends, im Sommer auch So mittags. ○○

Aussichten und Lavaspuren im Nordwesten

Die Straße windet sich durch Hortensienhecken zur Capela Nossa Senhora da Fátima, 38 km, kurz darauf zum Aussichtsplatz **Ribeira Funda** (68). Ein grandioser Blick in das dunkelblaue Wasser der Baia da Ribeira das Cabras und zum schwarzen Sandstrand der Praia da Fajã eröffnet sich am **Miradouro das Cabras,** 40 km, wo ein Picknickplatz mit Tischen, Bänken und Grillstelle zur Rast einlädt. An den steilen Hängen rundum sind die Sträucher vom Wind gebürstet.

In **Praia do Norte** (69), 41 km, steht die Kirche Nossa Senhora das Dores, die nach dem Vulkanausbruch von 1672 wieder aufgebaut wurde. Die verlassene Gegend westlich des Ortes heißt *Zona do Mistério* (»Gebiet der Wunder«), denn die Bevölkerung betrachtete die frischen Lavaströme früher als Wunder.

Die hübsche Feriensiedlung **Fajã**, 44 km, besitzt zwar einen der schönsten Strände Faials. Wegen der Sogwirkung sollte man an der grobkiesigen, dunklen Praia aber nur bei auflaufendem Wasser und auch dann mit äußerster Vorsicht baden.

Schnurgerade quert die Straße nach **Norte Pequeno** (70), 51 km, die Vulkanlandschaft. Von den Häusern beiderseits der Straße ragen nur noch die Dächer aus dem Boden.

10 **Vulcão dos Capelinhos

Faial wuchs mit dem untermeerischen Ausbruch des Vulcão dos Capelinhos 1957/58 um rund 2,5 km². Deshalb steht der 1903 erbaute Leuchtturm bei Porto do Comprido heute nicht mehr an der Küste, sondern teilweise verschüttet am Rand einer Wüste aus grauer Asche und rötlichem Sand.

Der kleine **Núcleo Museológico dos Capelinhos** an der Zufahrt zum Vulkan dokumentiert mit eindrucksvollen Fotos den Ausbruch (Di–Fr 10–12.30, 14–17.30, Sa, So 14–17.30 Uhr; Eintritt 2 €; Ticket gilt auch für Museu da Horta, s. S. 54).

Die Straße endet am alten Leuchtturm, dessen Terrasse den besten Überblick bietet. Wer den 127 m hohen, gar nicht wie ein Bilderbuchvulkan aussehenden Capelinhos besteigen will, kann dies auf einem deutlich erkennbaren Pfad tun, der links unten am Meer beginnt.

Karte Seite 86

Auf keinen Fall sollte man sich den Steilabbrüchen am Rand zu sehr nähern, dort droht das Abrutschen lockerer Ascheschichten. Während der Brutzeit der Seevögel (etwa Mai–Juli) bitten Naturschützer, die unmittelbare Gipfelregion zu meiden.

In **Capelo** (71), 56 km, werden Produkte der örtlichen Kunsthandwerksschule in gefälligem Rahmen im Artesanato, einem Haus mit markantem schwarz-weißen Turm präsentiert und verkauft (an der Hauptstr., Tel. 292 945 027).

Ambitionierte Wanderer finden am Ortsrand, nahe der Straße nach Praia do Norte, den Einstieg in einen markierten »Walking Trail«, der in 2 bis 3 Std. durch das bewaldete Vulkangebiet rund um den Cabeço da Fonte führt.

Zurück an der Südküste

Vor **Arieiro** (72) suchen die Inselbewohner an Wochenenden Erholung im Kiefernwald des Forstparks.

Am Ortseingang lohnt ein Abstecher in den Badeort **Varadouro.** Zu einem netten Ensemble fügen sich dort schmucke Wochenendhäuser, Restaurants, Naturschwimmbecken und das altertümliche Thermalbadehaus. Seit dem Erdbeben 1998 ist es jedoch beschädigt und geschlossen.

Vista da Baia, Varadouro, Rua Ten. Simas, Tel. 292 945 140. Überaus würzige Grillhähnchen. Sehr beliebtes Ausflugsziel. Tgl. geöffnet, im Winter nur Sa, So. OO

Castelo Branco (73), 72 km, hat seinen Namen von einem mächtigen weißen Felsenberg, der unterhalb des Ortes ins Meer stößt. Er besteht aus Rhyolith, einem sehr quarzhaltigen Vulkangestein, und entstand bei einer untermeerischen Eruption.

Quinta das Buganvílias, Rua do Jogo 60, Tel. 292 943 255, Fax 292 943 743, www.quintadasbuganvilias.com. Gutsanlage inmitten eines großen Obstgartens gelegen,

Karte Seite 86

Zimmer im Haupthaus, Ferienwohnungen in Nebengebäuden mit moderner Haustechnik. ❍❍

Vorbei am Flughafen erreicht man **Feteira** (74), 84 km, und die Igreja Nossa Senhora de Lourdes. Ein kleiner Park mit Bäumchen und befestigten Mauern am Meer dient für Grillpartys.

Salgueirinha, am Fischerhafen, Tel. 292 943 553. Frischer Fisch und Meeresfrüchte kommen auf rustikale Holztische. Tgl. geöffnet. ❍❍

Ein letzter Halt lohnt sich an der **Ponta Furada.** Der wilde Küstenabschnitt, wird vor allem gern von Anglern aufgesuchten. Bald darauf ist Horta, 89 km, wieder erreicht.

Zur *Caldeira

Am Monte da Espalamaca (nördl. von Horta) folgt man dem Schild »Caldeira«. Am fruchtbaren Tal von Flamengos vorbei und über São João geht es zum Gipfelparkplatz, 18 km, unterhalb

400 m steigen die Wände der Caldeira vom Kraterboden auf

des **Cabeço Gordo** (75) (1043 m). Von dort genügen wenige Schritte durch einen Fußgängertunnel und die Sicht in die 2 km breite Caldeira ist frei. Wie aus dem Geologielehrbuch steigt die Wand 400 m vom Kraterboden empor. Die Umrundung der Caldeira auf einem schmalen, rutschigen Pfad (ca. 2 Std.) ist möglich.

Posto de Turismo, São João (an der Straße zur Caldeira), Juni–Okt. tgl. 10–17.30 Uhr.
Auch Verkauf von Kunsthandwerk.

Route für Mountainbiker

Die ersten Kilometer der Straße von Horta zur Caldeira bilden den Anfang einer herrlichen 35-km-Tour (je nach Kondition 2–3 Std.) im Norden von Faial. Ab der Kreuzung Casas da Junta, 9 km, folgt man der kaum von Autos befahrenen Asphaltstraße Richtung Norden. Bei Cabouco Velho, 14 km, beginnt das »Filetstück« der Fahrt (Erdstraße ostwärts). Auf einem Höhenrücken mit Traumblick zu den Inseln Graciosa, Pico und São Jorge sowie auf Faial strampelt man zwischen Kuhweiden bis zur Nationalstraße bei Ribeirinha, 22 km. Bei all den berauschenden Eindrücken darf man das Gelände nicht aus den Augen lassen. In Pedro Miguel lenkt man den Drahtesel auf die Estrada New Bedford und sollte den Schwung in Almoxarife, 30 km, nützen, um den Strand bis zum Ende abzufahren. Knapp 150 steile Höhenmeter müssen Sie am Ende überwinden, ehe Sie vom Monte da Espalamanca die Serpentinen nach Horta hinunterflitzen können.

Karte Seite 92

Pico

Auf den Spuren der Walfänger

Nirgendwo auf den Azoren scheint die Sonne früher als auf dem 2351 m hohen Pico. Weithin sichtbar ragt der höchste Berg Portugals als Landmarke in den diesigen Himmel. Zu Füßen des Vulkankegels erstreckt sich menschenleeres, von Wiesen überzogenes Hochland mit einsamen Kraterseen. An sanften Hängen nahe der Küste reifen Trauben im Schutz warmer Steinmäuerchen, im Weinmuseum von Madalena stehen die edlen Tropfen zur Probe. Das Walmuseum von Lajes und die Walfabrik von São Roque führen ihre Besucher in die vergangene Welt des Walfangs.

Der alte Hafen von Picos Hauptstadt mit der Igreja Santa Maria Madalena

Madalena 76

O Canal, die Meerenge zwischen Pico und Faial, bestimmte von jeher den Charakter der Hauptstadt (2000 Ew.). Am neuen Kai legen die Tunfisch-Fangschiffe an. Und sobald die Fähre aus Horta eintrifft, wird es lebhaft. Ein Spaziergang durch die Pflasterstraßen sollte am Hauptplatz, dem Largo Cardeal Costa Nunes, bei der weißen Igreja Santa Maria Madalena beginnen. Am alten Hafen steht die Fischhalle.

Eine nette Auswahl an inseltypischen Souvenirs bietet die **Casa Vitória** in der Av. Machado Serpa 2.

Nahe der Straße zum Flughafen ist in einem romantischen Karmeliterkonvent aus dem 17. Jh. das ***Museu do Vinho** (Weinmuseum) untergebracht. Die Besucher erfahren Interessantes rund um den berühmten *Verdelho* und andere Weine und sehen Gerätschaften und Fotos aus alten Zeiten (Rua do Carmo; Di–Fr 9 bis 12.30, 14–17.30, Sa, So 9–12 Uhr, Fei geschl.; Eintritt frei). In der Nähe stehen riesige Drachenbäumen, deren rotes Harz früher als »Drachenblut« ein begehrter Farbstoff war.

Ein Spaziergang (ca. 1 Std.) führt vom Hotel Pico zur oberhalb am Waldrand gelegenen **Quinta das Rosas.** Der idyllische Park lädt zu einem Picknick inmitten von Blumenbeeten unter exotischen Bäumen ein.

Südlich der Stadt, bei Criação Velha, wurde mit der **Gruta das Torres** die größte Lavahöhle Portugals für Besucher erschlossen. Die fast 4,5 km lange Hauptröhre ist bis zu 15 m hoch. Im *Centro de Visitantes* (Besucherzentrum) erfolgt eine Einweisung, dann geht es in Begleitung eines Führers auf einen abenteuerlichen 45-minütigen Rundweg. Jeder Teilnehmer trägt sein eigenes Beleuchtungssystem. Wanderstiefel werden empfohlen (Mai u. Okt. Sa/So 14.30–17.30, Juni–Sept. tgl. 14.30–17.30 Uhr; Eintritt 3 €).

Karte Seite 92

Posto de Turismo, Porto Novo (im Fährterminal), 9950-329 Madalena, Tel. 292 628 700. Juni bis Sept. tgl. 8–18, Okt.–Mai Mo–Do 9 bis 12.30, 14.30– 17.30 Uhr.

Flughafen: Aeroporto, 8 km außerhalb, Tel. 292 622 413;
▮ **SATA,** Rua D. Maria da Glória Duarte, Tel. 292 622 411.
Schiffsverbindungen: Personenfähre von Transmaçor nach **Horta** (Faial) im Sommer 6-mal tgl., Winter 3–4-mal tgl., nach **Velas** (São Jorge) Mitte Juni bis Mitte Sept. 2-mal tgl., Vor-/Nachsaison 2-mal wöchentl.; nach **Angra** (Terceira) über **Calheta** (S. Jorge) Mitte Juni–Mitte Sept. 4-mal wöchentl.
Busverbindungen: Nordroute über Cais do Pico/Santo Amaro/Piedade, Südroute über São Mateus/Lajes/ Ribeirinha (jeweils Mo–Fr 2-mal tgl., Sa u. So 1-mal tgl.). Abfahrt Avenida Machado Serpa (nahe der Kirche).

Hotel Residencial Caravelas, Rua Conselheiro Terra Pinheiro 3, Tel. 292 628 550, Fax 292 628 558, www.hotelcaravelas.net. Modernes Hotel in Hafennähe; Außenpool, nur Frühstück, kein Restaurant. ❍❍
▮ **Hotel Pico,** Rua dos Biscoitos, Tel. 292 628 400, Fax 292 628 407, www.investacor.com. Außerhalb an der Straße nach São Roque gelegen; mit Schwimmbad und Restaurant. ❍❍
▮ **Residencial Mini Bela,** Av. Machado Serpa 18, Tel./Fax 292 623 521. Klein, aber herzlich geführt von Fernanda Maria Duarte de Oliveira. ❍

Erinnerung an die Vergangenheit: Modell eines Walfangbootes

Insel der Walfänger

Der Beruf des Walfängers gehört auf den Azoren heute der Vergangenheit an. Früher war die blutige Jagd für viele Familien ein wichtiger Nebenverdienst. Im Hauptberuf arbeiteten die Männer als Fischer oder Bauern, nur wenn in der sommerlichen Saison Walherden vorbeizogen, fuhr man über Tage kilometerweit hinaus aufs Meer. Rund 700 Pottwale (10 % der Weltfangmenge) zogen die Azorianer in den 1950er-Jahren jährlich an Land, davon wurden mehr als 200 auf Pico angelandet. In den darauffolgenden Jahrzehnten ließ zuerst der Ersatz des Waltrans durch Petroleum das Geschäft zurückgehen. Später ächteten Naturschutzorganisationen weltweit die Waljagd.

Der mit Ruderbooten und einfachen Harpunen betriebene Walfang der Azorianer zum Eigenbedarf blieb – ähnlich dem der Inuit (Eskimos) – vom Washingtoner Artenschutzabkommen ausgenommen, dem Portugal 1981 beitrat. Dennoch stellten die Azorianer 1987 freiwillig den Walfang komplett ein.

Karte Seite 92

O Ancoradouro, Areia Larga (1,5 km südl.), Tel. 292 623 490. Hervorragendes Fischlokal. ○○

▮ **O Luís,** Rua Padre N. da Rosa, Tel. 292 623 901. Modernes Lokal mit Veranda, Inselküche. Tgl. geöffnet. ○○

▮ **A Parisiana,** Rua A. Herculano, Tel. 292 623 771. Schöner Blick auf Faial, azorianische Küche, Mittagsbuffet. Tgl. geöffnet. ○○

Über den Inselrücken nach Süden

Sanft steigt die schnurgerade Asphaltstraße von Madalena Richtung Osten zum mächtigen Kegel des Pico hin an. Von Feldern umgeben ist der Eingang der Höhle **Furna de Frei Matias** (77), eine mit Moos und Farn bewachsene aufgebrochene Lavablase. Ohne Führer, festes Schuhwerk und Lampen ist nur ein kurzes Teilstück begehbar.

Noch vor 20 Jahren rauchte der Kamin der Walfabrik von **Lajes do Pico** (78), 40 km. 1987 wurde der letzte Wal an Land gezogen, doch das Städtchen lebt weiterhin im Walfieber. Im Café O Baleeiro (Rua Capitão-Mor), wo sich früher die Walfänger trafen, schwebt hinter der Theke der 4 m lange Unterkiefer eines Pottwals.

Unterrichtsstunden zur wirtschaftlichen Bedeutung der Wale erhalten die Besucher des ***Museu dos Baleeiros.** In den ehemaligen Bootshäusern der Walfänger ist ein Fangboot mit Originalwerkzeugen ausgestellt, dazu Fotos aus der Walfangära. Die Vitrinen zeigen Produkte, die aus dem Pottwal gewonnen wurden. Zu sehen sind ferner eine Sammlung gravierter Walzähne (s. S. 27) sowie eine Schmiede zum Herstellen der Lanzen- und Harpunenspitzen. Ein Video führt die grausame Jagd vor Augen (R. dos Baleeiros 13; Mai–Sept. Di–Fr 9.30–12.30, 14–17.30, Sa, So 14–17.30, Okt.–April erst ab 10 und nur bis 17 Uhr; So freier Eintritt).

Frisch restauriert präsentiert sich das **Forte de Santa Catarina** am Hafen. Die einzige erhaltene Festung der Insel entstand Ende des 18. Jhs., als napoleonische Truppen kurz davor standen, in Portugal einzufallen. Bald wurde sie wieder nutzlos, 1885 kam ein Kalkofen hinein, um den von der Insel Santa Maria angelieferten Kalk zu brennen. Jetzt dient das ehrwürdige Gemäuer als Veranstaltungsbühne,

**Pico – der Gipfel

Eines der schönsten Azorenerlebnisse verspricht eine Tour zum höchsten Gipfel Portugals bei klarem Wetter am späten Nachmittag mit Zelt und Schlafsack. Dem Genuss des Sonnenuntergangs folgt nach einer kühlen Nacht im geschützten Krater der grandiose Sonnenaufgang. Vom Ausgangspunkt auf 1200 m geht es – je nach Kondition – in etwa 2,5 bis 3,5 Std. zum Picinho (2351 m), dem kleinen Vulkankegel auf der Spitze des massigen Pico. Der Weg stellt keine besonderen Anforderungen, ist aber durch die Vulkanasche sehr rutschig. Er umrundet den Kegel über die Südseite. In einsamer Höhe über dem Atlantik gelangt man zum Kraterrand. Seit dem Erdbeben 1998, das auch auf dem Pico Gesteinsmassen lockerte, muss sich jeder Bergsteiger bei der Feuerwehr (»bombeiros«) registrieren lassen (Mitte Juni–Ende Sept. am Ausgangspunkt, sonst in Madalena an der Straße Richtung Flughafen; Tel. 292 628 300).

Karte Seite 92

Der höchste Berg Portugals, von der Nachbarinsel Faial aus gesehen

und auch ein Posto de Turismo soll bald einziehen.

Hotel Aldeia da Fonte, Silveira, Rua Caminho de Baixo, Tel. 292 679 500, Fax 292 672 700, www.aldeiadafonte.com. Wunderschöne Anlage im traditionellen Baustil, ca. 4 km von Lajes zwischen Weinbergen direkt am Meer, Felsbadebecken in der Nähe. ❍❍–❍❍❍

Hotel Residencial Whale'come ao Pico, Rua dos Baleeiros, Tel. 292 672 010, Fax 292 672 617, http://hotel.espacotalassa.com/DE. Das kommunikative Gästehaus gehört zur Walbasis (s. u.). Fast alle Zimmer mit schönem Meer- und Pico-Blick, Garten mit Grill. ❍

Lagoa, Largo de São Pedro, Tel. 292 672 272. Einfach, urig. Spezialität: *feijoada* (Bohneneintopf). ❍

Nach der Lagune und den Felsformationen der Ponta da Queimada taucht unterhalb der Straße das weiße Häuschen der **Vigia da Queimada,** 41 km, auf (s. S. 6). In einem Radius von 200 Grad sind bei guter Sicht bis zu 35 km entfernte Wale zu sehen (April–Okt.).

Wenn eine Fahne am Gebäude gehisst ist, geben die Walbeobachter von **Espaço Talassa** gerne Auskunft über die rund zwei Dutzend Walarten der azorianischen Gewässer (www.espacotalassa.com; zu **Whale-Watching-Touren** s. Special S. 6 f.).

An der Ostspitze

Hinter Fetais, 61 km, biegt ein Weg nach Manhenhas mit seinem winzigen Naturschwimmbad und weiter zur **Ponta da Ilha** ⓻⓽ ab, dem östlichsten Punkt von Pico (Leuchtturm). Schwarze Mäuerchen, die die Weinparzellen umrahmen, überziehen wie ein Gitternetz die flachen Küstenhänge.

O Ponta da Ilha, in Nähe des Leuchtturms, Tel. 292 666 706. Familiäres, von einem jungen Paar geführtes Lokal in einer Adega. Den Fisch fängt der Wirt selbst. Unregelmäßig geöffnet. ❍–❍❍

Karte Seite 92

Im Winter stehen die Weinkellereien *(adegas)* und Sommerhäuser leer, ihre Besitzer ziehen nach **Piedade** (80), 63 km, an der Küstenstraße. Neben Rebstöcken gedeihen in der braunen Erde die armdicken *inhame* mit riesigen Blättern. Die stärkehaltige Tarowurzel (fälschlich als Jams übersetzt) wird gekocht, als Beilage zu Räucherwurst gegessen.

Piedade lohnt wegen des romantischen **Parque Matos Souto** mit Picknicktischen und -bänken den Besuch.

L'Escale de l'Atlantic, Calhau, Piedade, Tel./Fax 292 666 260, www.ciberacores.com/escale. Landgasthaus unter französischer Leitung. Individuelles Wohnen mit Meerblick und absoluter Ruhe. Mai–Sept. ○○

2 km hinter dem Abzweig nach Ribeirinha sollte man nicht verpassen, von der Plattform des **Miradouro Terra Alta** in 415 m Höhe über den Wogen des Meeres einen Blick auf die Breitseite von São Jorge zu werfen.

Santo Amaro (81)

Nach dem Ortsschild des Städtchens, 8 km, biegt man rechts zu dem *Terra Alta* genannten, hoch über dem Meer gelegenen Teil der Gemeinde ab. Geschäftigkeit überrascht an der Uferstraße Rua do Mar im **Núcleo Museulógico da Escola Profissional de Artesanato,** 12 km. Techniken traditionellen Kunsthandwerks werden hier an die nächste Generation weitergegeben. Ausstellungräume machen mit Wohnkultur und bäuerlichem Leben vergangener Zeit bekannt.

Der Laden verkauft Blumengebilde aus Feigenmark oder Fischschuppen, Figuren aus Maisblättern sowie handgestickte, schmucke Decken (Tel. 292 655 115; Mo–Fr 9 bis 18 Uhr, z. T. auch Sa, So).

Nicht nur aus Stroh entstehen in Santo Amaro hübsche Andenken

Prainha do Norte (82)

Ein schmales Sträßchen folgt der Küste in die zweitälteste Ortschaft im Norden, 79 km. Prunkvoll vergoldete Altäre sind der Schmuck der **Igreja de Nossa Senhora da Ajuda** (18. Jh.).

Karte Seite 92

Die Nationalstraße quert dann das **Mistério de Prainha,** 83 km, ein 1562 entstandenes, mittlerweile überwachsenes Lavafeld. Asphaltstraßen erschließen den hangaufwärts liegenden **Parque Florestal.** Im Steinhaus neben der Grillstation steht noch die **Atafona do Pico** (»Ochsenmühle«). An manchen Wochenenden spielt zum Picknick eine Kapelle auf.

São Roque do Pico 83

Auf breiten Lavafächern liegt die ehemalige Walfängerstadt, 93 km, mit dem Fährhafen **Cais do Pico.** Heute bilden Tunfischfang und Milchwirtschaft die ökonomische Grundlage.

An den Kaimauern arbeiteten einst Dampfmaschinen in der Fabrik, die nun als **Museu da Indústria Baleeira** ein interesssantes Zeugnis der Industriekultur darstellt (Rua do Poço, Tel. 292 642 096; Mo-Fr 9–12.30, 14 bis 17.30, Sa 9–12.30 Uhr; Eintritt frei).

In welcher Form die mit Maschinenkraft angelandeten Wale die Fabrik wieder verließen, beschreibt bis heute die Firmentafel an dem renovierten Gebäude: »Vitaminas Óleos Farinhas Adubos Armações Baleeiras Reunidas« – Vitamine, Waltran, Fischmehl und Dünger. Der Speck wurde in drei Kesseln mit dem Dampf zweier Hochöfen ausgelassen, Fleisch, Innereien und Knochen wurden in einem Ofen getrocknet, dann gepresst und zu Dünger und Tierfutter vermahlen.

Schiffsverbindungen: Personenfähre von Transmaçor Mitte Juni–Mitte Sept. 2-mal tgl., Vor-/Nachsaison 2-mal wöchentlich nach **Horta** (Faial) über **Madalena** sowie nach **Velas** (São Jorge); Mitte Juni–Mitte Sept. 4-mal wöchentlich nach **Angra** (Terceira) über **Velas** und **Calheta** (beide São Jorge). Juni–Sept. Autofähre der Atlântico Line 1- bis 2-mal pro Woche zu den anderen Inseln des Archipels (außer Corvo; s.S.33).

Karte Seite 92

Die Weinbau-Kulturlandschaft von Pico gehört zum UNESCO-Welterbe

Weinbau auf Lava

Zu Schiff aus Madeira kam Pater Frei Pedro Gigante 1460 nach Lajes do Pico. Er brachte die Rebsorte *Verdelho* mit, aus deren Trauben bis heute ein feiner trockener Weißwein gewonnen wird.

Großen Aufschwung nahm die Rebkultur nach den Vulkanausbrüchen von 1719. Zugewanderte Bauern aus Terceira, Nordportugal und Flandern verwandelten Lavafelder in fruchtbare Weinterrassen. Der Boden war durchsetzt mit Lavabrocken und musste von Grobgestein befreit werden. Besonders im Westen Picos fallen die *moroiços* (Steinhaufen) als dunkle Flecken in der Landschaft auf. Außerdem wurden überall Trockensteinmauern rund um die Felder, die *currais*, angelegt. Sie schützen vor den Salz vom Meer herüberwehenden Winden und sorgen für eine gleichbleibend hohe Temperatur im Boden, da sie Sonnenwärme speichern und nachts allmählich abstrahlen. 2004 nahm die UNESCO dieses Kunstwerk der Agrar-Architektur in die Liste des Weltkulturerbes auf.

Aus den Trauben keltern die Winzer einen Wein mit 15–17 Vol.-% Alkoholgehalt. Jahre der Reife verwandeln ihn in einen ausgezeichneten Aperitif, der im vergangenen Jahrhundert nach Europa und Amerika ausgeführt wurde und selbst an der Tafel der russischen Zaren Zuspruch fand. Rund 15 000 Pipas (1 Pipa entspricht 15 l) produzierte man pro Jahr, bis Schädlingsbefall im 19. Jh. den Weinbau fast ruinierte. Heute erholt er sich langsam mit neuen Sorten und Produktionsmethoden. Qualitativ hochwertige Weine sind der weiße *Terras de Lava* und der rote *Basalto*. Beide werden von der Cooperativa Vitivinicola da Ilha do Pico in Madalena abgefüllt (www.picowines.net).

Karte Seite 92

Casa das Barcas, Cais Velho, Tel. 292 642 847, Fax 292 642 661, www.cazasdopico.com. Stilvoll renoviertes altes Stadthaus mit vier Gästezimmern und romantischem Garten. ❍❍

▮ **Pensão Residencial Montanha,** Rua do Capitão-Mor, Tel./Fax 292 642 699, 2 km außerhalb von São Roque do Pico im Wald gelegene Pension; schöner Blick über die Küste. ❍

A Furna, Furna de Santo António, Tel. 292 642 666, Fax 292 642 652. Vor dem Essen lockt ein Bad im Naturschwimmbecken. Sättigende Inselspezialitäten sind hier das Maisfladenbrot und *linguiça com inhames:* gebratene, grobe Räucherwurst mit Tarowurzeln. ❍

Im Nordwesten

An der Küste nördlich von Santa Luzia liegt die **Zona de Adegas** mit einer Reihe idyllischer Weinorte, deren einfache Basaltbauten nur den Sommer über bewohnt sind. In ihren kühlen Räumen wurden häufig Weinfässer gelagert. Die 50 Häuser von **Cabrito** (»Ziegenbock«) stehen neben einem gespenstischen Lavafeld.

Schwarz glitzert der von Gischt benetzte Fels des Küstenvorsprungs Ponta Negra bei **Arcos** 84, während weiß bemalte Mauerfugen dem Ort sein typisches Bild geben. Hinter den Steinmauern der Häuser verbergen sich Weinkeltereien und -keller.

Wild donnern die Wellen bei **Porto Cachorro** 85, 106 km, in ein Labyrinth aus Bögen und Spalten, in den bogenförmig erstarrten Basalttürmen rumoren die grellweiß schäumenden Wassermassen. *Cachorro* bedeutet Hund – der wacht tatsächlich als erstarrte Lavaskulptur über den Hafen.

Eine herbe Kraterlandschaft umgibt die Lagoa do Caiado auf Pico

Zu den Kraterseen des Hochlandes

Zum Schutz der einzigartigen Vegetation hat die Forstverwaltung in den letzten Jahren Naturschutzgebiete eingerichtet, im Gegenzug aber das Netz der Feldwege ausgebaut. Je nach Bewegungsdrang kann man das Inselinnere zu Fuß, per Mountainbike oder Auto kennen lernen.

Von der Landstraße zwischen São Roque und Lajes zweigt etwa in der Mitte südwärts eine schmale Nebenstraße zur ***Lagoa do Caiado** 86, 5 km, ab. Sie liegt inmitten einer unruhigen Kraterlandschaft (Waldschutzgebiet). Fast parallel zum Kamm des grünen Gebirges von São Jorge zieht der Höhenrücken auf Pico nach Südosten. Es ist ein faszinierendes Erlebnis, Nord- und Südküste im Blick zu haben. Kleine Seen schmiegen sich zwischen die Felder. Zu den höchsten Punkten der Gegend zählt der **Pico do Topo** (1007 m), den eine Basaltdecke überzieht. Von der Sonne silbergrau gebeizte Baumstümpfe stehen am Weg. Das grüne Wasser der **Lagoa do Peixinho** 87, 13 km, füllt ein Kraterbecken. Immer weiter auf dem Grat des Höhenrückens erreicht man schließlich Piedade (s. S. 92), 29 km.

Karte Seite 97

12 Flores

Blumenberge

Ein Klecks aus Vulkangestein am fernen Rand Europas, auf dem Zeit keine Rolle spielt. Flechten, Farne und Moose überziehen das Hochplateau von Flores und verschlucken fast jeden Laut. Eingekeilt zwischen den schroffen Felsen der Steilküste ducken sich Fajã Grande und andere Dörfer in winzigen Küstenebenen im Westen. Nur glucksende Bäche, 273 Wasserfälle – wie José, ein alter Fischer bestätigt – und der oft pfeifende Wind unterbrechen die tiefe Stille. Im Sommer verfliegt die Melancholie, überall recken sich die blauen und rosafarbenen Hortensienblüten in die Sonne. Das milde, regenreiche Klima macht Flores zu einem 142 km² großen Pflanzenparadies. Die Bäche sorgten früher dafür, dass die Räder der inzwischen verfallenen Wassermühlen nie still standen. Einen Hauch von kleinstädtischem Leben spürt man nur in Santa Cruz das Flores.

Erst im 16. Jh. begann die Besiedlung der 1452 entdeckten Insel. Erschwert wurde sie durch ständige Piratenüberfälle auf die Bauern. Die Raubeine hatten sich in der Grotte Enxaréus (südl. von Santa Cruz), heute Ziel von Bootsfahrten, Schlupfwinkel eingerichtet.

Santa Cruz das Flores (88)

Mit Beginn des Walfangs im 18. Jh. heuerten viele Insulaner auf amerikanischen Schiffen an. Ab 1856 jagten sie auf eigenen Booten, 1937 erreichten sie die Rekordquote von 47 Tieren. Im **Porto do Boqueirão** von Santa Cruz

Die Ostküste von Flores: eine wildromantische Szenerie der Grotten, Wasserfälle und Klippen

wurden die Meeressäuger ab 1944 über eine Rampe in die Walfabrik gezogen. Für die normalen Fischer war und ist der stadtnähere **Porto Velho** das Ziel, Schiffe nach Corvo starten meist im **Porto das Poças.**

Die Stadt hat einige Attraktionen: den Hausberg **Monte das Cruzes,** die **Igreja N. S. da Conceição** (19. Jh.) mit einem bemerkenswerten Schnitzaltar und das **Museu das Flores** im 200 Jahre älteren Franziskanerkloster São Boaventura. Die volkskundliche Ausstellung zeigt anschaulich den Inselalltag im 19. Jh. (Largo da Misericórdia; Mo–Fr 9–12 und 14–17 Uhr; Eintritt 1,50 €).

Auch ein paar Ecken weiter können Besucher der **Casa Museu Pimentel de Mesquita** das 19. Jahrhundert in einem originalgetreu eingerichteten Bürgerhaus aus dieser Zeit erleben (Praça Marquês de Pombal; 2008 Wiedereröffnung nach Renovierung).

i Posto de Turismo, Rua Dr. Armas da Silveira, 9970-331 Santa Cruz das Flores, Tel. 292 592 369, Fax 292 592 846.

Flughafen: Aeroporto das Flores, etwa 10 Gehminuten vom Zentrum entfernt, Tel. 292 592 411;

Karte Seite 97

▮ **SATA,** Rua Senador André Freitas 5, Tel. 292 592 284.
Schiffsverbindung: Nur Juli–Sept. nach Corvo (45 Min. bis 1,5 Std.); Tagesausflüge (mehrere Anbieter, über Hotels) sowie fast täglich ein Frachtschiff, das evtl. Passagiere mitnimmt (Tel. 292 592 289).
Busverbindungen: Nordroute von/nach Ponta Delgada und Südroute von/nach Fajã Grande und Lajes (Mo, Mi und Fr je 1-mal).

Hotel Ocidental, Avenida dos Baleiros, Tel. 292 590 100, Fax 292 590 101, www.hotelocidental.com.
Im Reihenhausstil über der Steilküste, Blick auf Corvo. Zimmer meist mit Balkon oder Terrasse. ❍❍
▮ **Residencial Vila Flores,** Travessa de São José 3, Tel. 292 582 190, Fax 292 592 621, hipolitoas@hotmail.com.
Angenehme, überschaubare Pension im Zentrum. ❍

Lita, Travessa da Alfândega 4, Tel. 292 592 245. Reisgerichte mit Fisch, Stockfisch und *cataplanas* (Schmortöpfe). All diese Köstlichkeiten inklusive Blick auf den Fischerhafen. Tgl. geöffnet. ❍❍

Von Santa Cruz in Richtung Süden

Oft 300 m über dem Atlantik jagt auf der kurvenreichen Strecke ein *Miradouro* (Aussichtspunkt) den anderen. Natursteinhäuser, romantische Mühlen und üppiges Grün säumen die Straße.

Santa Cruz das Flores: Die Igreja Nossa Senhora da Conceição birgt einen wertvollen Altar

Lajes das Flores, 21 km, ist eigentlich nicht viel mehr als ein Dorf, obwohl zweites Verwaltungszentrum der Insel. Doch der Ort ist nett und inseltypisch. Dank seines großen Hafens ist Lajes für Besucher, die per Schiff anreisen, erste Anlaufstation.

Schiffsverbindung: Autofähre von Atlântico Line Juni–Sept. 1- bis 2-mal

Karte Seite 97

pro Woche zu den anderen Inseln des Archipels (außer Corvo; s. S. 33).

Pousada Lajes das Flores, Av. Peixoto Pimentel, Tel./Fax 292 593 547. Kleine Pension oberhalb vom Leuchtturm. Freundliche Besitzer, Restaurant, tolle Aussicht. ❍

Weiter geht es durch Alleen zur Westküste. Nördlich liegen die Kraterseen **Caldeira Funda** (89) und **Caldeira Rasa,** die auf Spaziergänger warten, ebenso die heißen Quellen von **Lajedo** (90) im Ortsteil Costa. Dort führt der beschilderte Fußweg von den letzten Häusern 30 Min. unterhalb einer Felswand entlang (Trittsicherheit erforderlich). Kurz nach der Ortschaft ragen die mächtigen, sechseckigen Basaltsäulen der ***Rocha dos Bordões,** 32 km, in den Himmel.

Fast schon quirlig geht es in **Fajã Grande,** 45 km, zu. Denn nicht zuletzt gibt es hier einen superben Sonnenuntergang zu bestaunen.

Residencial Argonauta, Rua Senador André de Freitas, Tel. 292 552 219, www.argonauta-flores.com. Fünf geschmackvoll und individuell gestaltete Zimmer stellt der Italiener Pierluigi Bragaglia bereit, bietet geführte Touren per Pedes, Jeep oder Kajak an und bekocht seine Gäste hervorragend mit einheimischen Zutaten. März–Okt. ❍❍

Balneario, am Hafen und Badeplatz, Tel. 292 552 170. Einheimische lieben den Tintenfisch aus dem Ofen oder den gemischten Fisch- und Meeresfrüchtespieß. ❍❍

Von der inselüberquerenden Straße Richtung Santa Cruz zweigt bald nach der Brücke über die Ribeira Grande in einer Rechtskurve links eine Schotterpiste ab. Sie bewältigt die Steigung zum **Morro Alto** (914 m). Um dort oben die grandiose Aussicht genießen zu können, braucht man jedoch unbedingt einen Geländewagen, denn die Schlaglöcher der Piste haben abenteuerliche Tiefen.

Fast schnurgerade verläuft dann die Straße über das Plateau Richtung Santa Cruz. Beiderseits liegen die fünf ***Caldeiras** (91), sehr schön ist die Caldeira Funda, die »tiefe«, nicht zu verwechseln mit ihrer größeren Namensschwester (s. o.).

Pierluigi Bragaglia (s. Res. Argonauta) hat über »seine« Insel zwei **Wanderführer** mit historischem Hintergrund verfasst, aufgeteilt in die beiden Bezirke Lajes und Santa Cruz. Sie werden – auch in deutscher Übersetzung – überall auf Flores verkauft.

Nach Norden

Die wenigen Autofahrer, die im einsamen Norden unterwegs sind, grüßen sich freundlich. Auf einem Hügel thront in **Fazenda de Santa Cruz** (92) die Igreja Nossa Senhora de Lourdes.

Auf den nächsten Kilometern scheint wieder jeder Meter ein *Miradouro* zu sein. Ein Abstecher nach **Ponta Ruiva** (93), 12 km, lohnt sich z. B. für ein kleines Picknick. Das Dorf klebt samt seinen winzigen Terrassenfeldern an der Steilküste. Es ist kaum vorstellbar, wie die Bewohner den nahezu senkrechten Felsen hier und da noch ein paar Quadratmeter Gemüsegarten oder Weideflächen abringen konnten.

Kurz vor der verlassenen französischen Militärstation wird das Auto auf einem Bergkamm kräftig durchgeschüttelt: Links Atlantik, rechts Atlan-

Karte Seite 97

Einem massigen Walrücken gleicht das kleine Corvo aus der Ferne

tik, und der fliegt förmlich durch die Luft. Heftige Böen treiben die Gischt weit die Berghänge hinauf.

Etwa 500 m tiefer breitet sich **Ponta Delgada** ⓽⓸, 21 km, auf einer Landzunge aus. Das Schönste an der Stadt ist der Blick von oben auf die Häuser. Eine enge Straße folgt vom Ort aus der Küste nach Westen bis zum Leuchtturm **Farol do Albarnaz,** 24 km, wo man ein weiteres Mal die ganze Gewalt des Windes und der Wellen zu spüren bekommt.

Ausflug nach *Corvo

Gerade mal ein Vulkan, ein Dorf mit 400 Einwohnern, eine 6 km lange Straße, ein Hafen, ein Miniflugplatz und viel Atlantik drumherum – mehr gibt es nicht. Aber genau das macht den Reiz von Corvo aus, der kleinsten und nordwestlichsten Azoreninsel.

Corvo wurde als letzte Insel im Archipel um 1452 entdeckt. Zu Beginn des 16. Jhs. scheiterten mehrere Versuche von Siedlern, Fuß zu fassen. Damals hieß es noch *Insula Corvi Marini,* das »Eiland des Meerraben«. 1909 besuchte ein einflussreicher Beamter Corvo. Auf seine Frage, was sich die Bewohner wünschten, antworteten sie bescheiden: »eine portugiesische Flagge, weiße Farbe für die Friedhofsmauer und die Wehrdienstbefreiung für den einzigen Sohn einer Witwe«.

Lasttiere haben auf Corvo noch lange nicht ausgedient

Erst 1963 löste die Elektrizität Kerzen und Öllampen ab, die Welt kam Anfang der 1970er-Jahre per Telefon und Fernsehen nach Corvo. Seit 1993 bestehen mit kleinen Maschinen (max. 18 Passagiere) 3-mal wöchentlich Flugverbindungen auf andere Inseln.

Gut 1100 Rinder grasen auf den Hängen des 718 m hohen **Morro dos Homens,** ihr Fleisch kommt, subventioniert von der EU, in Lissabon auf den Markt. Die Gelder aus Brüssel haben auch die Abwanderung von der Insel, die 1864 mit fast 1000 Einwohnern ihre höchste Bevölkerungszahl erreichte, etwas aufgefangen. Dennoch ist der Lebensstandard recht niedrig, sagen auch die Corvinos, aber die Lebensqualität dafür umso höher – Ruhe und frische Luft werden rar auf dem Globus, hier sind sie noch im Überfluss vorhanden!

Vila Nova do Corvo

Das einzige Dorf inmitten herrlicher Angelreviere, das sich Stadt nennen darf (schon seit 1832), ist Vila Nova. Nach 90-minütiger Schaukelei auf dem Atlantik tuckert das Postboot in den Hafen der »Hauptstadt«. Strahlte das Weiß der Mauern in der Sonne noch bis nach Flores, so zeigt der Ort jetzt seine private Seite: Seine meist einstöckigen Häuser mit unverputzten Mauern aus dunklen, kaum behauenen Steinen und Guillotine-Fenstern, wie sie auch im Norden Portugals zu finden sind.

Ein wirres Geflecht von Gassen, hier *canadas* (Hohlwege) genannt, durchzieht die Ortschaft. In einer von ihnen, der Canada da Graciosa, wird in zwei historischen Häusern in absehbarer Zeit ein **Informationszentrum** über die sehr spezielle Kultur und Natur der Insel eröffnen. Wie eh und je trifft man sich in Vila Nova vor der 1795 erbauten Kirche Nossa Senhora dos Milagres, in den zwei Cafés oder auf dem Largo do Outeiro.

Offiziell ist der **Posto de Turismo Santa Cruz das Flores** auf Flores zuständig (s. S. 96).

Offene Haustüren

Comunitarismo nennen die Corvinos ihr Zusammenleben auf nur 17 km^2, wo jeder auf die Solidarität des Nachbarn und der Gemeinschaft baut. Sinnbild dafür sind nicht zuletzt die eng aneinander gedrängten Häuser. Geld scheinen die Insulaner kaum zu brauchen, denn in ihren Gärten wächst alles, um gut zu leben. Manches erwirbt man im Tauschhandel mit Naturalien, oder Bekannte helfen aus, wenn im Haushalt etwas fehlt. Die Corvinos strahlen Zufriedenheit aus. So erstaunt es nicht, dass es keine Kriminalität gibt und viele Haustüren keine Schlösser besitzen. Wohin sollten Diebe auch flüchten?

▮ Auskünfte vor Ort erhät man bei der **Câmara Municipal do Corvo** (Rathaus, Tel. 292 596 116).

Flugverbindungen: Flores, Faial und Juli–Aug. Terceira;
▮ **SATA-Büro** im Flughafen, Tel. 292 596 189.
Schiffsverbindung: Bootstaxi von Nauticorvo nach Flores (150 €; Rua de Matriz, Tel./Fax 292 596 287; s. S.97).
Sammeltaxi (Kleinbus) z. Flughafen.

Comodoro Guest House, Caminho do Areeiro, Tel. 292 596 128, Fax 292 596 120, comodoro@mail.pt. Ein gewisser Komfort, gutes Frühstück und ein schöner Panoramablick sprechen für dieses Haus. ❍

O Caldeirão, Caminho Moinhos, Tel. 292 596 018. Direkt beim Flugplatz. Im gepflegten Speisesaal werden einfache, wohlschmeckende Gerichte serviert. ❍

Wer nur einen Tag Zeit hat, muss sich sputen. Zu Fuß dauert der Weg zum Rand der Caldeira, die sich auf Corvo wegen ihrer Größe zum **Caldeirão** wandelte, 2 Stunden. Per Geländewagen-Taxi (hin und zurück 5 €) geht es natürlich schneller, vorbei an winzigen, von Mauern gegen den Wind geschützten Feldern und Weiden. Sie erstrecken sich rund um den Inselkern und machen 40 % der Fläche aus.

Am Kraterrand des bereits vor über 1 Mio. Jahren erloschenen Vulkans, der einen Umfang von 3,5 km hat, überwältigt der fantastische Blick – auf den brausenden Atlantik und hinein in den vulkanischen Kessel. Wie dicke Öltropfen in einer Salatschüssel liegen hier 300 m tiefer zwei Seen. Von den grünen Inselchen in den Lagoas sagen die Azorianer, sie seien ein Abbild der Azoren.

Infos von A–Z

Ärztliche Versorgung – Apotheken

Nicht alle Ärzte akzeptieren die Europäische Krankenversicherungskarte (EHIC), oft muss die Behandlung bar bezahlt werden. Deshalb: Immer eine Rechnung *(factura)* zur Vorlage bei der Krankenkasse verlangen.

Ein Krankenhaus *(hospital)* mit Notfallaufnahme *(urgência)* oder ein Gesundheitszentrum *(Centro de Saúde)* gibt es in größeren Städten. Apotheken *(farmácias)* sind mit einem grünen Kreuz gekennzeichnet und werktags 9–13 und 15–19 Uhr geöffnet.

Banken – Geld

Die Azoren gehören zur Euro-Zone (Wechselkurse für Schweizer Franken s. Umschlagklappe hinten).

Mit Maestro- bzw. Kreditkarte und PIN kann in größeren Orten an Geldautomaten *(Multibanco)* Bargeld abgehoben werden. Gängige Kreditkarten wie American Express, Mastercard oder Visa werden weithin akzeptiert.

Einreise

Für EU-Bürger und Schweizer entfallen Einreisekontrollen, Personalausweis bzw. Identitätskarte oder Pass müssen aber bei Fluggesellschaften, Hotels etc vorgelegt werden.

Elektrizität

220 Volt/ 50 Hertz Wechselstrom.

Feiertage

1. Jan., Karfreitag, 25. April, 1. Mai, Fronleichnam, 10. Juni, 15. Aug., 5. Okt., 1. Nov., 1., 8. und 25. Dez.

Informationen

erteilt das Handels- und Touristikamt **AICEP Portugal.** Alle Anfragen via: www.visitportugal.com, info@visitportugal.com, Fax (00 351) 218 505 789, oder telefonisch (Info-Hotline in den Herkunftsländern zum Ortstarif):

- **Deutschland:** Tel. 01 80-5 00 49 30
- **Österreich:** Tel. 08 10-90 06 50
- **Schweiz:** Tel. 08 00-10 12 12

Notruf

Hilfe bekommt man unter Tel. 112.

Öffnungszeiten

- **Geschäfte:** Mo–Fr 9–13, 15–18 Uhr, Sa 9–13 Uhr.
- **Banken:** Mo–Fr 8.30–15 Uhr.

Post

Postämter sind am roten *Correio*-Schild erkennbar. Öffnungszeiten: meist Mo–Fr 9–13, 15–18 Uhr.

Sicherheit

Die Azoren gelten als sehr sicheres Reiseziel, Kriminalität gibt es kaum.

Telefon/Handy

Auslandsgespräche sind in Postämtern möglich sowie von Telefonzellen mit Telefonkarten *(telecard)*, die auch in Tabakgeschäften verkauft werden. Das portugiesische Mobilfunknetz ist flächendeckend; GSM-**Handys** funktionieren problemlos.

Vorwahl: Deutschland 00 49, Österreich 00 43, Schweiz 00 41. Azoren 00 351; Ortsvorwahlen gibt es nicht.

Zeit

Die Azoren liegen ganzjährig zwei Std. hinter der MEZ zurück.

Zoll

Bei der Rückreise bestehen für EU-Bürger keine Beschränkungen. In die Schweiz dürfen eingeführt werden: 1 l Spirituosen mit mehr als 22 Vol.-%, 2 l Wein, 200 Zigaretten oder 50 Zigarren, Souvenirs im Wert von 300 CHF.

Langenscheidt Mini-Dolmetscher Portugiesisch

Allgemeines

Guten Tag.	Bom dia. [bõ **dia**]
Hallo!	Olá! [**ola**]
Wie geht's?	Como está? [**ko**mu‿isch**ta**]
Danke, gut.	Tudo bem, obrigado (m.) / obrigada (w.). [**tu**du bẽj ubri**ga**du / ubri**ga**da]
Ich heiße ...	Chamo-me ... [**scha**mu‿me]
Auf Wiedersehen.	Até logo / Adeus. [a**te lo**gu / a**de**·usch]
Morgen	manhã [ma**njã**]
Nachmittag / Abend	tarde [**tar**də]
Nacht	noite [**noj**tə]
morgen	amanhã [ama**njã**]
heute	hoje [**o**schə]
gestern	ontem [**õn**tẽj]
Sprechen Sie Deutsch / Englisch?	Fala alemão / inglês? [**fa**la‿alə**mãu** / in**glesch**]
Wie bitte?	Como, desculpe? [**ko**mu di**seh**kulpə]
Ich verstehe nicht.	Não entendo. [nãu ĩn**tẽn**du]
Sagen Sie es bitte nochmals.	Se faz favor, repita. [sə **faseh** fa**wor** re**pi**ta]
Bitte, ...	Se faz favor, ... [sə **faseh** fa**wor**]
danke	obrigado (m.) / obrigada (w.) [ubri**ga**du / ubri**ga**da]
Keine Ursache.	De nada. [də **na**da]
was / wer / welcher	o que / quem / qual [u ke / kẽj / kwal]
wo / wohin	onde / para onde [**õn**də / **pa**ra **õn**də]
wie / wie viel	como / quanto [**ko**mu / **kwãn**tu]
wann / wie lange	quando / quanto tempo [**kwãn**du / **kwãn**tu **tẽm**pu]
warum	porquê [pur**ke**]
Wie heißt das?	Como se diz? [**ko**mu sə **diseh**]
Wo ist ...?	Onde está ...? Onde fica ...? [**õn**də‿isch**ta** / **õn**də‿**fi**ka]
Können Sie mir helfen?	Podia-me ajudar? [pu**dia**‿mə a**seh**u**dar**]
ja	sim [sĩ]
nein	não [nãu]
Entschuldigen Sie.	Desculpe. [di**seh**kulpə]
Das macht nichts.	Não faz nada. [nãu fa**seh na**da]

Sightseeing

Gibt es hier eine Touristeninformation?	Há por aqui uma informação turística? [a pur‿**aki u**ma ĩnfurma**ßãu** tu**risch**tika]
Haben Sie einen Stadtplan / ein Hotelverzeichnis?	Tem um mapa da cidade / uma lista dos hotéis? [tẽj ũ‿**ma**pa da ßi**da**də / uma **lisch**ta dus‿o**teisch**]
Wann ist das Museum geöffnet / geschlossen?	A que horas o museu está aberto / fechado? [a ki‿**o**rasch u mu**seu** isch**ta**‿a**ber**tu / fe**scha**du]
Wann ist die Kirche / die Ausstellung geöffnet / geschlossen?	A que horas a igreja / a exposição está aberta / fechada? [a ki‿**o**rasch a **i**gre**seh**a / a ischpusi**ßãu** isch**ta** a**ber**ta / fe**scha**da]

Shopping

Wo gibt es ...?	Onde há ...? [**õn**də **a**]
Wie viel kostet das?	Quanto custa isto? [**kwãn**tu **kusch**ta **isch**tu]
Das ist zu teuer.	É caro demais. [e **ka**ru də**maisch**]
Das gefällt mir (nicht).	Eu (não) gosto disso. [eu (nãu) **gosch**tu **di**ssu]
Gibt es das in einer anderen Farbe / Größe?	Existe esse modelo noutra cor / noutro tamanho? [e**sisch**tə essə mo**de**lu **no**tra **kor** / **no**tru ta**ma**nju]
Ich nehme es.	Levo isto. [**le**wu **isch**tu]
Wo ist hier eine Bank?	Onde há um banco? [**õn**də a ũ‿**bãn**ku]
Ich suche einen Geldautomaten.	Onde posso encontrar uma caixa automática? [**õn**də **po**ssu inkõn**trar** uma **kai**scha‿autu**ma**tika]
Ich möchte 100 g Käse / zwei Kilo Orangen.	Queria cem gramas de queijo / dois kilos de laranjas. [ke**ri**a sẽj **gra**masch də **kej**seh**u** / dojsch **ki**lusch də la**rãn**seh**asch**]
Haben Sie deutsche Zeitungen?	Tem jornais alemães? [tẽj seh**ur**na**jsch** alə**mãjsch**]
Wo kann ich telefonieren / eine Telefonkarte kaufen?	Onde posso telefonar / comprar um cartão de telefone? [**õn**də **po**ssu telefu**nar** / kõm**prar**‿ũ kar**tãu** də tele**fo**nə]

Notfälle

Ich brauche einen Arzt / Zahnarzt.	Preciso de um médico / um dentista. [preßisu də ũ‿**me**diku / ũ‿dẽn**tisch**ta]
Rufen Sie bitte einen Krankenwagen / die Polizei.	Chame, se faz favor, uma ambulância / a polícia. [**scha**mə sə fa~~seh~~ fa**wor** **u**ma ãmbu**lã**ßia / a po**li**ßia]
Wir hatten einen Unfall.	Tivemos um acidente. [ti**we**musch ũ aßi**den**tə]
Wo ist das nächste Polizeirevier.	Onde fica o posto de polícia mais próximo? [õndə **fi**ka u **posch**tu də po**li**ßia maisch **pro**ßimu]
Ich bin bestohlen worden.	Fui roubado. [**fui** ro**ba**du]
Mein Auto ist aufgebrochen worden.	Assaltaram-me o carro. [asal**ta**rãu‿mə u **ka**ru]

Essen und Trinken

Die Speisekarte bitte.	A ementa, se faz favor. [a e**mẽn**ta sə fa~~seh~~ fa**wor**]
Brot	pão [pãu]
Kaffee	café [ka**fe**]
Tee	chá [scha]
mit Milch / Zucker	com leite / açúcar [kõ **lei**tə / a**ßu**kar]
Orangensaft	sumo de laranja [**ßu**mu də la**rãn**~~seh~~a]
Suppe	sopa [**ßo**pa]
Fisch / Meeresfrüchte	peixe / mariscos [**pei**schə / ma**risch**kusch]
Fleisch / Geflügel	carne / aves [**kar**nə / **a**wəsch]
vegetarisches Gericht	prato vegetariano [**pra**to wə~~seh~~əta**rja**nu]
Eier	ovos [**o**wusch]
Salat	salada [sa**la**da]
Dessert	sobremesa [sobrə**me**sa]
Obst	fruta [**fru**ta]
Eis	gelado [~~seh~~ə**la**du]
Wein	vinho [**win**ju]
weiß / rot / rosé	branco / tinto / rosé [**brãn**ku / **tĩn**tu / ro**se**]
Bier	cerveja [ser**we**~~seh~~a]
Aperitif	aperitivo [aperi**ti**wu]
Wasser	água [**a**gwa]
Mineralwasser	água mineral [**a**gwa mine**ral**]
mit / ohne Kohlensäure	com gas / sem gas [kõ gas / ßẽj gas]
Limonade	limonada [limo**na**da]
Frühstück	pequeno almoço [pə**ke**nu al**mo**ßu]
Mittagessen	almoço [al**mo**ßu]
Abendessen	jantar [~~seh~~ãn**tar**]
eine Kleinigkeit	uma coisa pequena [uma **koj**sa pə**ke**na]
Ich möchte bezahlen.	A conta, se faz favor. [a **kõn**ta, sə fa~~seh~~ fa**wor**]
Das Essen war sehr gut / nicht so gut.	Gostei muito da comida. / Não, não gostei muito da comida. [gosch**tej** mũjtu da ko**mi**da / nãu nãu gosch**tej** mũjtu da ko**mi**da]

Im Hotel

Ich suche ein gutes / nicht zu teures Hotel.	Estou procurando um bom hotel / um hotel econômico. [**isch**tou proku**rãn**du ũ bõ o**tel** / ũ o**tel** ekono**mi**ku]
Ich habe ein Zimmer reserviert.	Eu reservei um quarto. [eu reser**wei** ũ **kwar**tu]
Ich suche ein Zimmer für ... Personen.	Eu estou procurando um quarto para ... pessoas. [eu **isch**tou proku**rãn**du ũ **kwar**tu **pa**ra ... pesso**a**sch]
Mit Dusche und Toilette.	Com chuveiro e toalete. [kõ schu**wej**ru i twa**le**tə]
Mit Balkon und Blick aufs Meer.	Com varanda / vista para o mar. [kõ wa**rãn**da / **wisch**ta para u mar]
Wie viel kostet es pro Nacht?	Quanto é a diária? [**kwãn**tu e a dia**ri**a]
Mit Frühstück?	Com pequeno almoço? [kõ pə**ke**nu al**mo**ßu]
Kann ich das Zimmer sehen?	Posso ver o quarto? [**po**ssu wer u **kwar**tu]
Haben Sie ein anderes Zimmer?	Não têm outro quarto? [nãu tẽj otru **kwar**tu]
Das Zimmer gefällt mir (nicht).	Eu (não) gosto deste quarto. [eu (nãu) **gosch**tu **des**tə **kwar**tu]
Kann ich mit Kreditkarte bezahlen?	Posso pagar com cartão de crédito? [**po**ssu pa**gar** kõ kar**tãu** də **kre**ditu]
Wo kann ich parken?	Onde posso estacionar? [**õn**də **po**ssu ischtasio**nar**]
Können Sie das Gepäck in mein Zimmer bringen?	Podem levar a bagagem para o meu quarto? [**po**dẽj le**war** a ba**ga**~~seh~~ẽj **pa**ra u meu **kwar**tu]
Haben Sie einen Platz für ein Wohnmobil?	Têm lugar para um carro camping? [tẽj lu**gar** para ũ karu kam**ping**]
Wir brauchen Strom / Wasser.	Precisamos de corrente eléctrica / água [preßi**sa**mus də ko**rẽn**tə i**le**trika / agwa]

Orts- und Sachregister

Personenregister